中国旅游统计年鉴
THE YEARBOOK OF CHINA TOURISM STATISTICS
2018

中华人民共和国文化和旅游部
MINISTRY OF CULTURE AND TOURISM OF
THE PEOPLE'S REPUBLIC OF CHINA

中国旅游出版社

2016~2017 年主要国家入境旅游人数
FOREIGN VISITOR ARRIVALS FROM THE MAIN GENERATING COUNTRIES 2016–2017

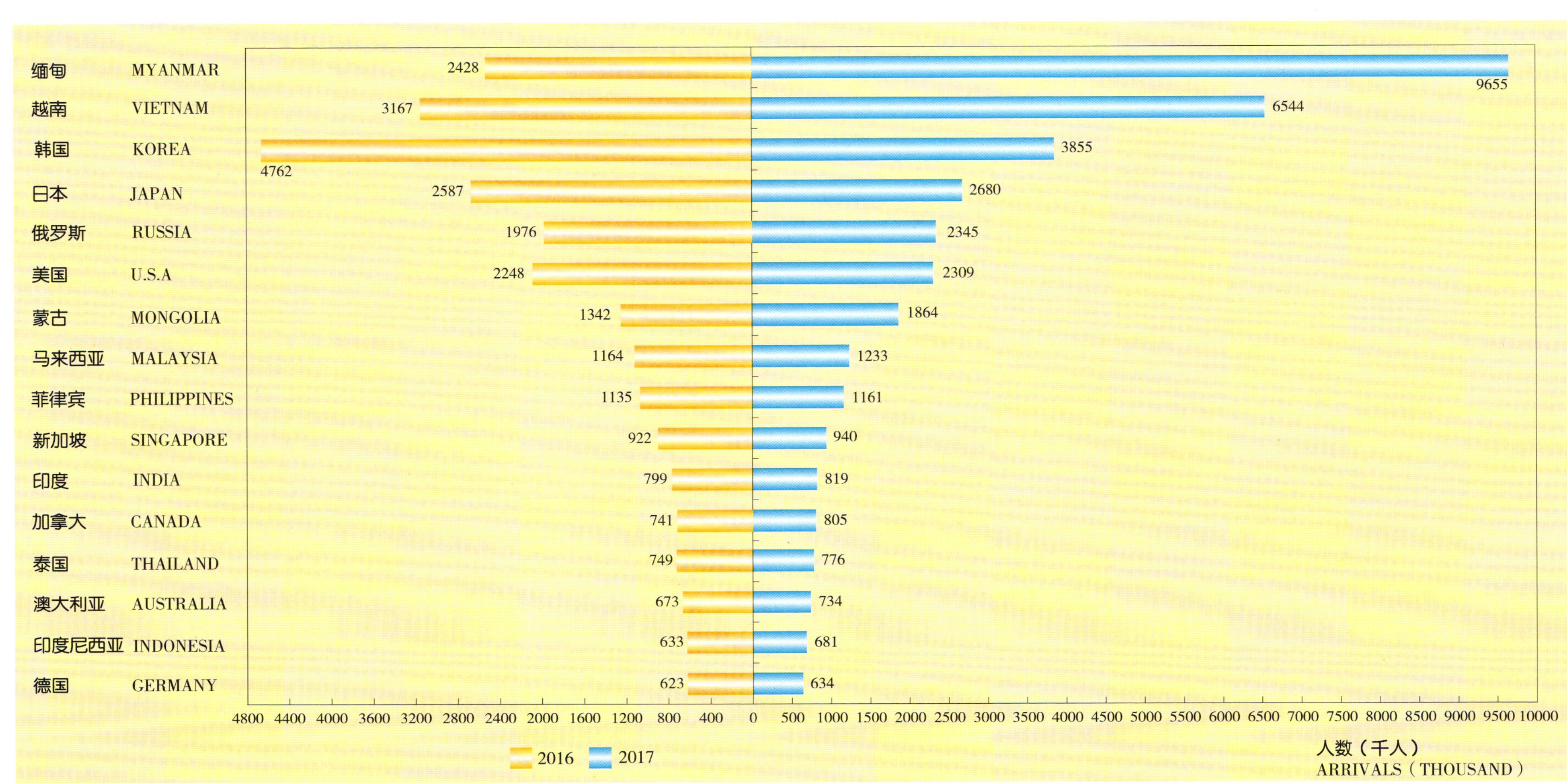

2015~2017 年各月入境外国游客人数
MONTHLY FOREIGN VISITOR ARRIVALS 2015–2017

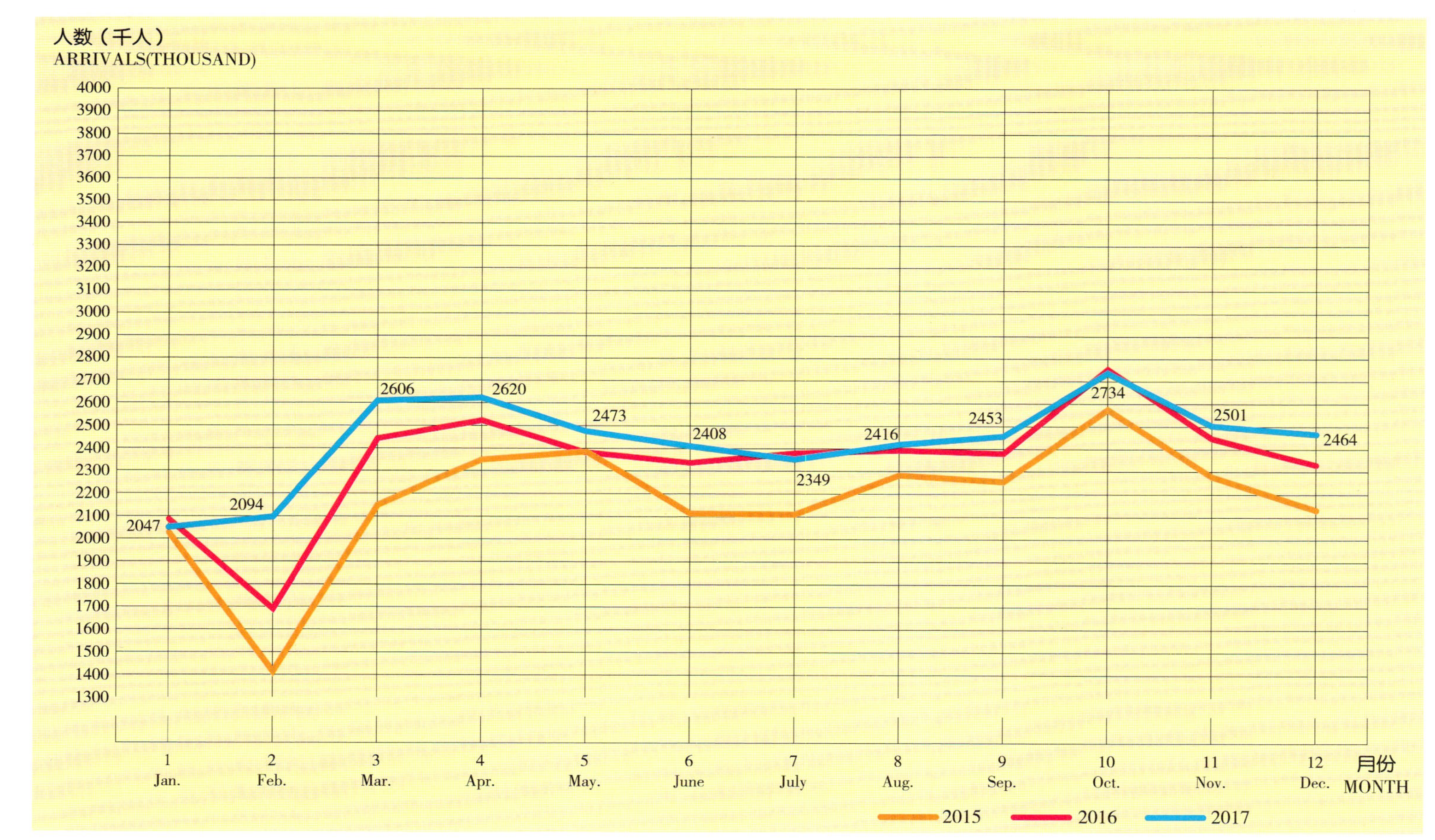

2017 年主要城市接待入境过夜游客人数
ARRIVALS TO MAJOR CITIES 2017

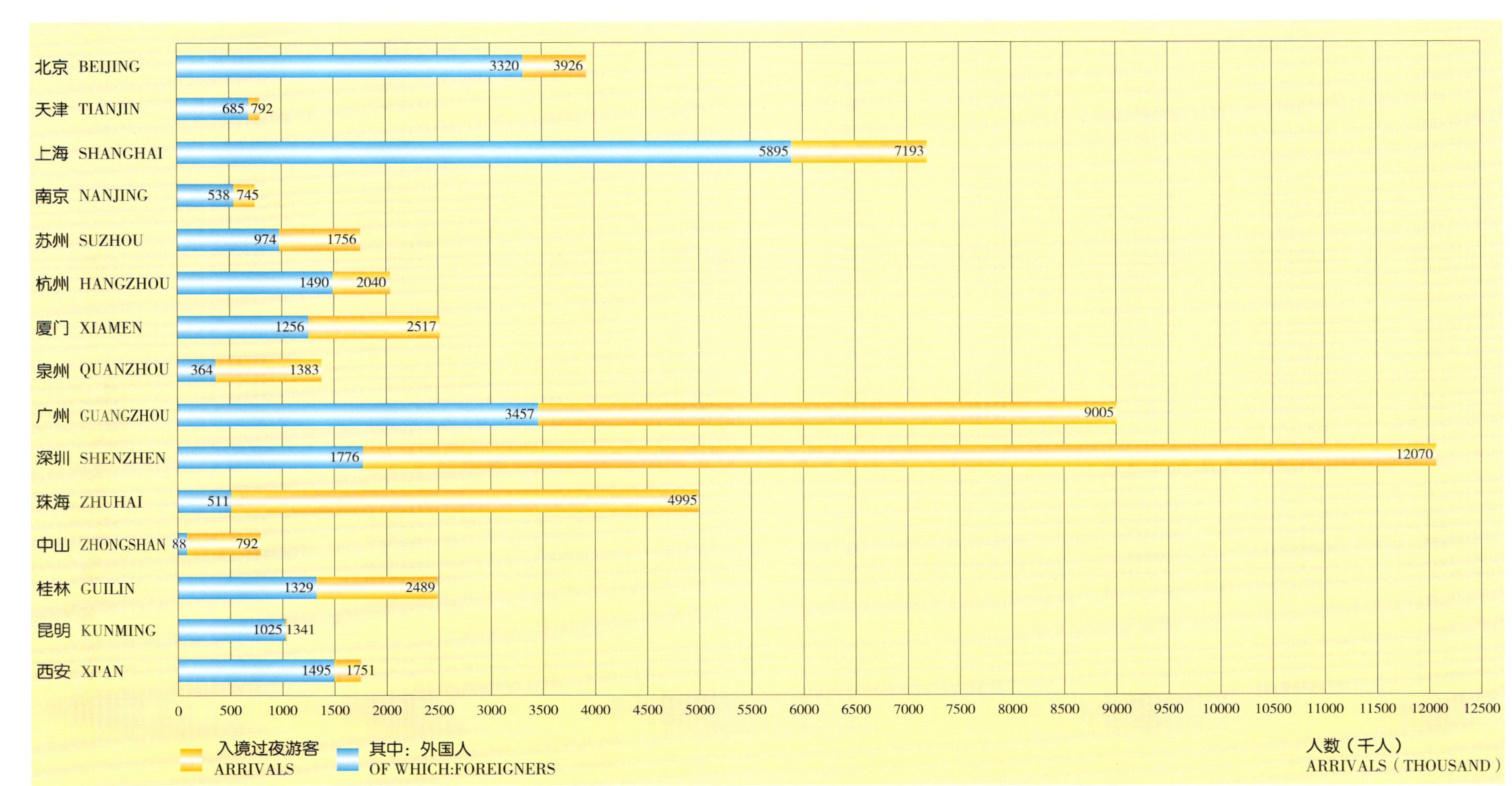

2017 年入境外国游客人数构成（按地区分）
BREAKDOWN OF FOREIGN VISITOR ARRIVALS BY REGION 2017

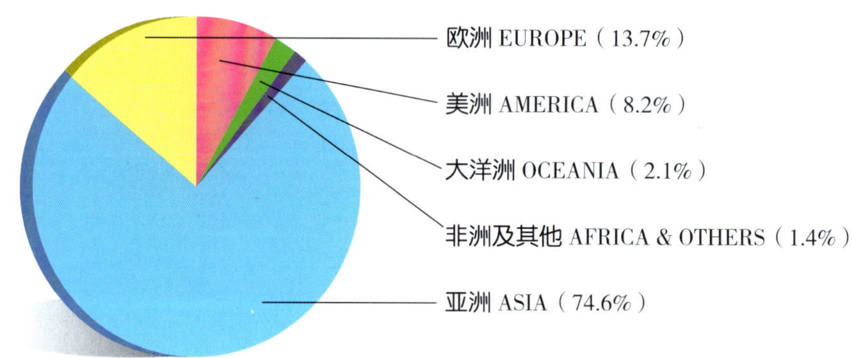

2017 年入境外国游客人数构成（按入境方式分）
BREAKDOWN OF FOREIGN VISITOR ARRIVALS BY MODE OF TRANSPORT 2017

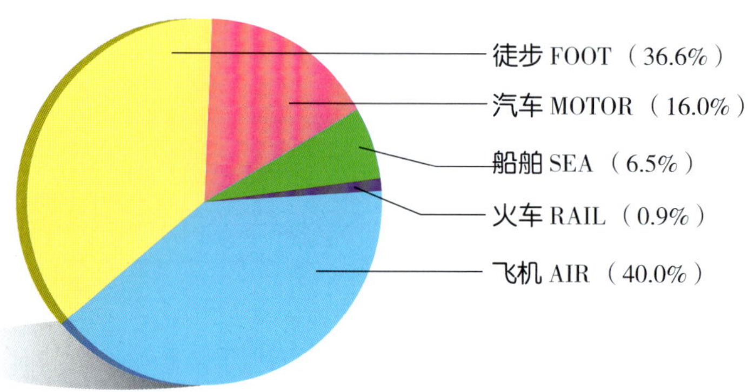

2017 年入境外国游客人数构成（按年龄分）
BREAKDOWN OF FOREIGN VISITOR ARRIVALS BY AGE 2017

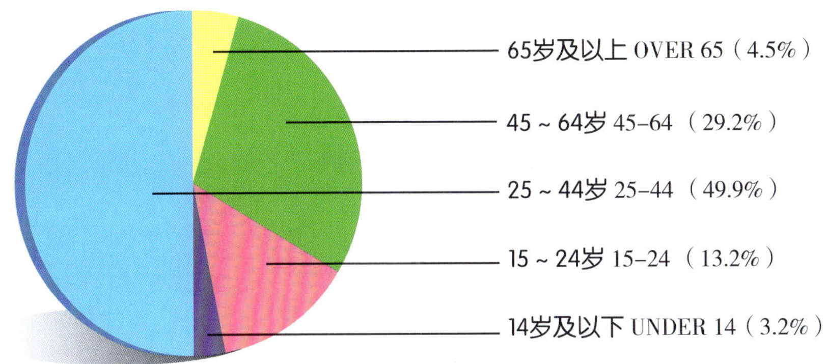

2017 年入境外国游客人数构成（按目的分）
BREAKDOWN OF FOREIGN VISITOR ARRIVALS BY PURPOSE 2017

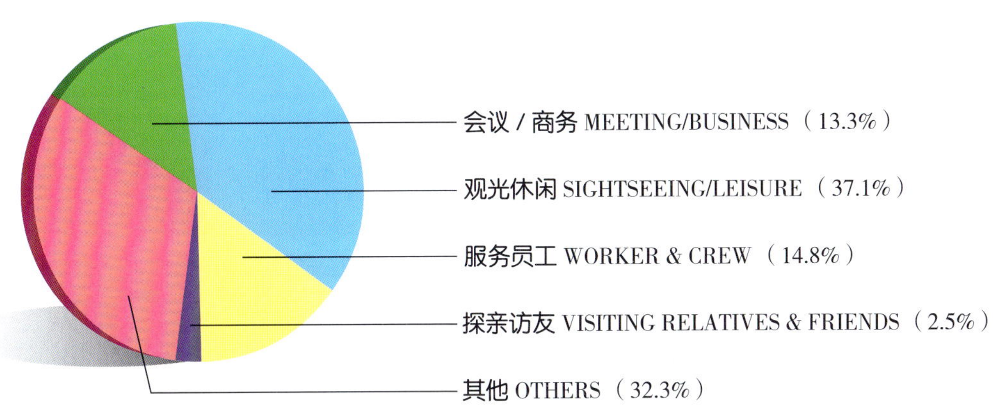

2017 年国际旅游（外汇）收入构成
BREAKDOWN OF INTERNATIONAL TOURISM RECEIPTS 2017

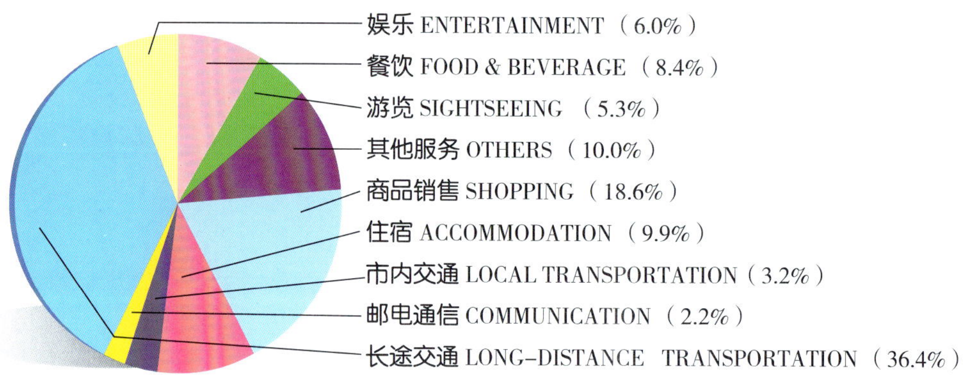

2017 年国际旅游（外汇）收入（按来源分）
INTERNATIONAL TOURISM RECEIPTS 2017

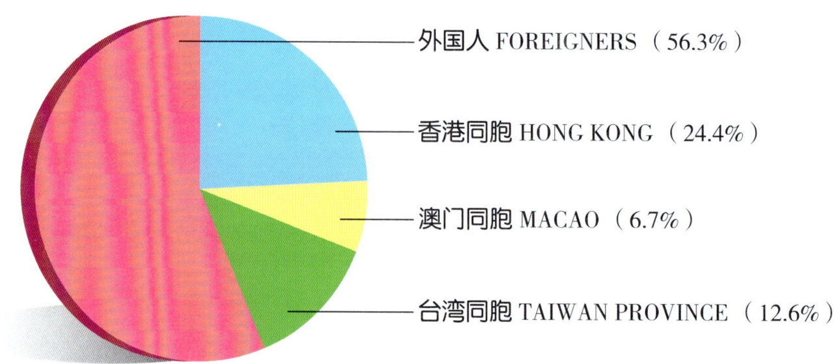

1995~2017 年星级饭店数及客房数
NUMBER OF STAR-RATED HOTELS & ROOMS 1995–2017

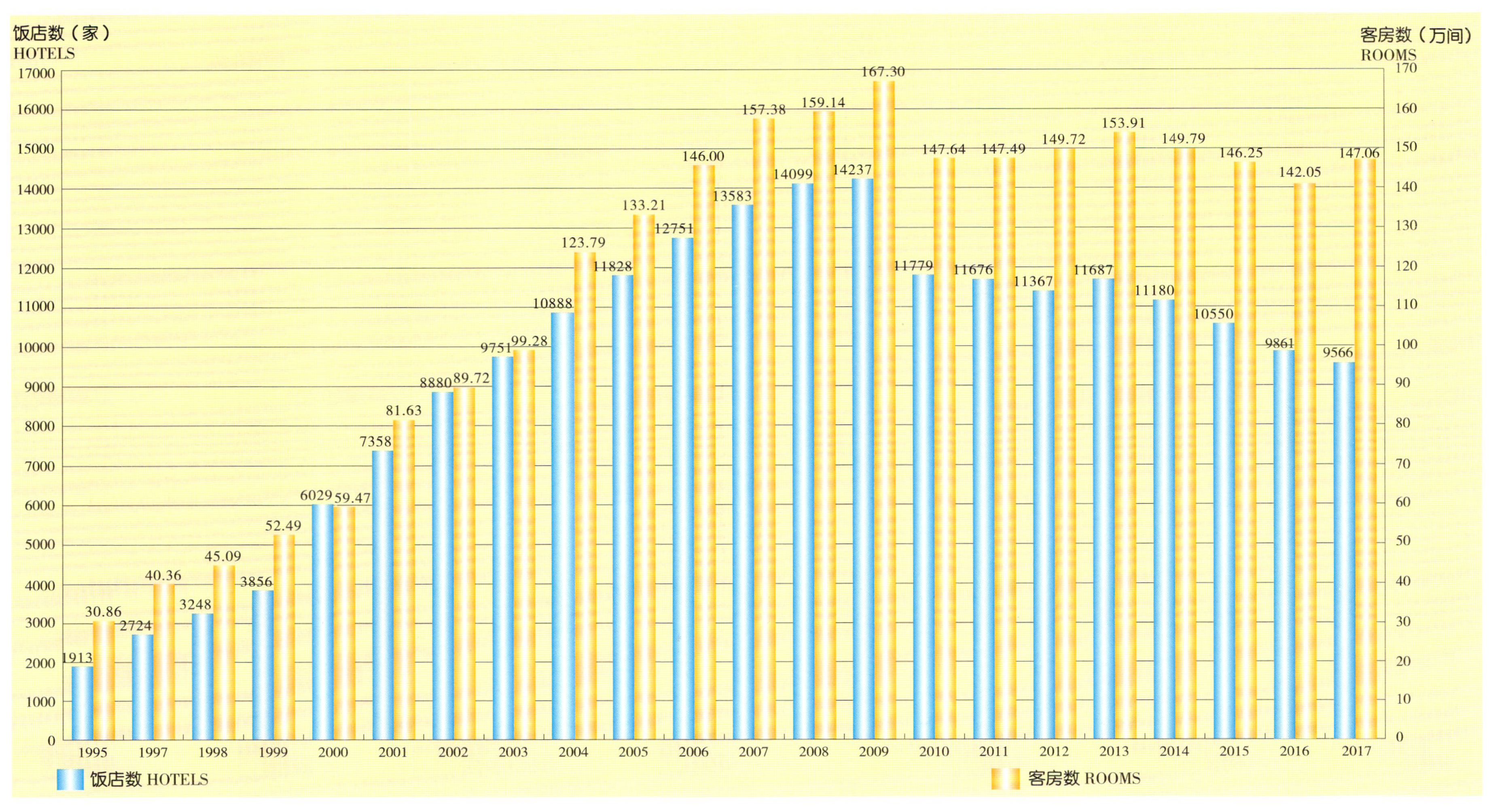

2017 年不同星级饭店的数量及客房数
NUMBER OF DIFFERENT STAR-RATED HOTELS & ROOMS 2017

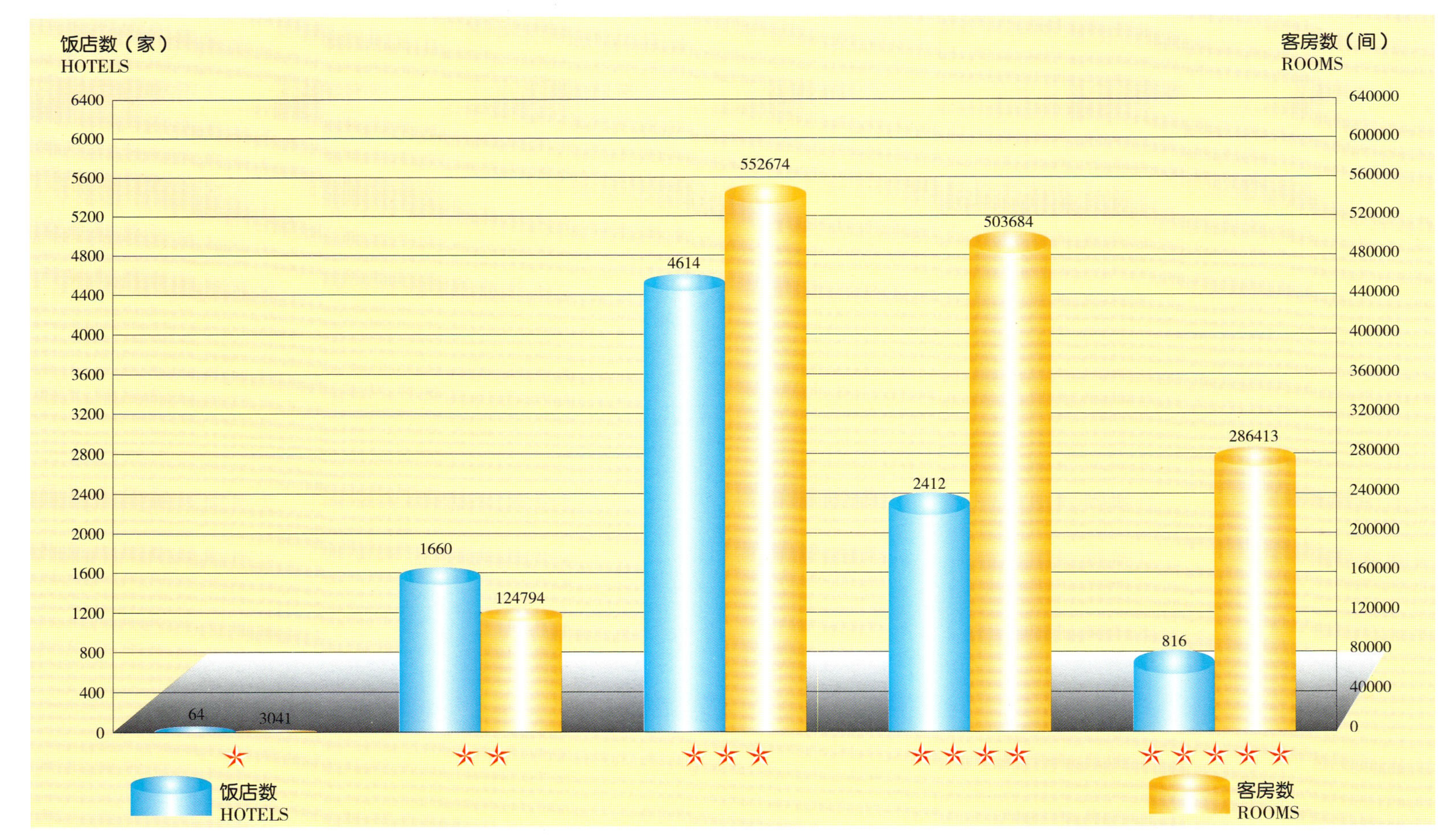

中国旅游统计年鉴编辑委员会

LIST OF EDITIONAL BOARD OF THE YEARBOOK OF CHINA TOURISM STATISTICS

编 者 说 明

《中国旅游统计年鉴 2018》是一本全面反映 2017 年中华人民共和国旅游业发展情况的资料性年刊。全书为中英文对照版本，内容分为：2017 年中国旅游业统计公报和入境旅游人数、入境外国游客主要特征、国际旅游（外汇）收入、国内旅游基本情况、地方接待入境过夜游客情况、星级饭店基本情况、旅行社基本情况、A 级旅游景区基本情况、旅游企事业单位基本情况等共九个部分的统计资料。

本年鉴所附的《旅游统计基本概念和主要指标解释》，是对主要旅游统计指标的含义、统计范围和统计方法所作的简要说明。

本年鉴资料来源于全国各地旅游部门、统计部门和公安边检等部门。全国统计数据均未包括我国台湾省、香港特别行政区和澳门特别行政区的数字。本年鉴的统计数字按原国家旅游局和国家统计局联合制定的《旅游统计调查制度》规定的口径进行统计和汇总，个别特殊的地方做了注释和说明。入境游客调查范围是到中国（大陆）的入境游客（包括外国人、港澳同胞和台湾同胞），其停留时间不超过 3 个月。在编辑过程中，我们对 2017 年各月的数字进行了核实、调整，读者在使用时如发现已经公布的统计数字与本年鉴数字不符，则以本年鉴数字为准。

本年鉴是了解中国旅游业 2017 年发展情况的权威性资料，可供旅游部门、国民经济各有关部门、教学科研单位以及旅游经济的科研人员、大专院校师生使用。海外旅游业同行、有关行业内人士以及入境旅游的外国人、港澳台同胞亦可从中得到有关统计信息。本年鉴中凡带有续表的资料，如有注解均加在第一张表下面，请读者使用时注意。表中有“#”号者表示为该栏的主要项或其中项；有“*”号者表示本表下有注解；空格处表示该项数据不详或以前年份无该数据。统计表下注有资料来源单位，未注明的均为原国家旅游局提供。

中国旅游统计年鉴编委会

二〇一八年十一月

INTRODUCTION

The Yearbook of China Tourism Statistics for 2018 is a yearly review with information on the overall development of the tourism industry in the People's Republic of China in 2017. Written in English and Chinese, the information in this Yearbook covers nine aspects: Statistics Report on China's Tourism Industry in 2017 and visitor arrivals to China, major profile of international visitors to China, international tourism receipts, domestic tourism, business of different regions, business of star-rated hotels, business of travel agencies, business of A-grade tourist attractions, travel enterprises and non-business institutions.

A note to the Index of Major Statistic Terms is attached at the end of the Yearbook, which gives a brief explanation of the meaning of main tourism statistics, scope and method of data-collecting.

The data of the Yearbook come from the tourism departments, statistical departments, and ports of entry and exit of public security departments throughout the country. The statistics of Taiwan Province, Hong Kong Special Administrative Region and Macao Special Administrative Region are not included. All the data are processed and compiled in line with the requirements set forth in the tourism statistics reporting system jointly formulated by the Former National Tourism Administration and the National Bureau of Statistics, and explanatory notes are provided in some special cases. Inbound visitor samples include inbound visitors from foreign countries, Hong Kong SAR, Macau SAR and Taiwan province while their stay time is less than 3 months. Re-check and re-adjustments have been made to the figures of each month in 2017, and if some inconsistency is found between the published figures and the figures in this Yearbook, the latter should be taken as authentic.

This Yearbook provides authoritative data on the development of China's tourism industry in 2017, which is useful to tourism departments, relevant departments of the national economy, education and research institutes, and students and teachers. The overseas travel trade, relevant people of the industry and foreign visitors to China, compatriots from Hong Kong, Macao and Taiwan can also benefit from this Yearbook.

In the Yearbook, wherever a table is contiuned on the next page, footnotes are given on the first page. The mark "#" denotes headline entry, while the mark "*" leads to footnotes. A blank cell means relevant data unclear or the relevant figure for previous years not available. Sources of the data are acknowledged beneath the table.All the unacknowledged data are provided by the Former National Tourism Administration.

Editing Committee of
the Yearbook of China Tourism Statistics
November, 2018

目　录

CONTENTS

2017年中国旅游业统计公报

2017年，国内旅游市场高速增长，入出境市场平稳发展，供给侧结构性改革成效明显。国内旅游人数50.01亿人次，收入4.57万亿元，分别比上年增长12.8%和15.9%；入境旅游人数1.39亿人次，实现国际旅游收入1234亿美元，分别比上年增长0.8%和2.9%；中国公民出境旅游人数达到1.31亿人次，旅游花费1152.9亿美元，分别比上年增长7.0%和5.0%；全年实现旅游业总收入5.40万亿元，同比增长15.1%。全年全国旅游业对GDP的综合贡献为9.13万亿元，占GDP总量的11.04%。旅游直接就业2825万人，旅游直接和间接就业7990万人，占全国就业总人口的10.28%。

一、国内旅游

——全国国内旅游人数50.01亿人次，比上年增长12.8%。其中：城镇居民36.77亿人次，农村居民13.24亿人次。

——全国国内旅游收入4.57万亿元，比上年增长15.9%。其中：城镇居民旅游消3.77万亿元，农村居民旅游消费0.80万亿元。

——全国国内旅游出游人均花费913.03元。其中：城镇居民国内旅游出游人均花费1024.56元，农村居民国内旅游出游人均花费603.30元。

——在春节、“十一中秋”两个长假中，全国共接待国内游客10.49亿人次，实现旅游收入10069亿元。

二、入境旅游

——入境旅游人数1.39亿人次，比上年同期增长0.8%。其中：外国人2917万人次，增长3.6%；香港同胞7980万人次，下降1.6%；澳门同胞2465万人次，增长4.9%；台湾同胞587万人次，增长2.5%。

——入境过夜游客人数6074万人次，比上年同期增长2.5%。其中：外国人2248万人次，增长3.8%；香港同胞2775万人次，增长0.1%，澳门同胞522万人次，增长8.6%，台湾同胞529万人次，增长4.0%。

——国际旅游收入 1234 亿美元，比上年同期增长 2.9%。

三、出境旅游

——我国公民出境旅游人数达到 1.31 亿人次，比上年同期增长 7.0%。

——我国公民出境旅游目的地新增国家为：苏丹共和国、乌拉圭、圣多美和普林西比、法属新喀里多尼亚。

——出境旅游花费 1152.9 亿美元，比上年增长 5.0%。

四、星级饭店规模和经营

截至年末，全国纳入星级饭店统计管理系统的星级饭店共计 10645 家，其中有 9566 家完成了 2017 年财务状况表的填报，并通过省级旅游行政管理部门审核。9566 家星级饭店财务数据显示：

——全国 9566 家星级饭店，拥有客房 147.06 万间，床位 250.55 万张；拥有固定资产原值 5161.10 亿元；实现营业收入总额 2083.93 亿元；上缴税金 96.88 亿元；全年平均客房出租率为 54.80%。

——在 9566 家星级饭店中：五星级饭店 816 家，四星级饭店 2412 家，三星级饭店 4614 家，二星级饭店 1660 家，一星级饭店 64 家。

——全国 2237 家国有星级饭店，2017 年共实现营业收入 539.46 亿元，上缴税金 13.25 亿元。

——全国外商和港澳台投资兴建的 375 家星级饭店，全年共实现营业收入 281.93 亿元；上缴税金 7.44 亿元。

五、旅游教育培训情况

——截至年末，全国共有高等旅游院校及开设旅游系（专业）的普通高等院校 1694 所，比上年末增加 4 所，招生 17.24 万人；中等职业学校 947 所，比上年末增加 23 所，招生 10.15 万人。两项合计，旅游院校总数 2641 所，招生为 27.39 万人。

——全年，全行业从业人员教育培训总量达 586.5 万人次，比上年增长 112 万人次，增长 23.6%。

STATISTICAL REPORT ON CHINA'S TOURISM INDUSTRY IN 2017

In 2017, domestic tourism maintained its high- speed growth, inbound and outbound tourism market grows steadily. The Supply-side Structural Reform has achieved significant results.

There were 5.001 billion domestic trips, with a receipt of 4.57 trillion yuan. Their respective year-on-year growths were 12.8% and 15.9%. The inbound tourist arrivals reached 139 million and the international tourism revenue was 123.4 billion U.S. dollars, respectively up 0.8% and 2.9% over the previous year. The outbound departures were 131 million, with an expenditure of 115.29 billion US dollars, respectively growing by 7.0% and 5.0%. The total tourism revenue was 5.40 trillion yuan, with an annual growth of 15.1%. The overall contribution of tourism industry to GDP was 9.13 trillion yuan, accounting for 11.04% of the GDP. There are 28.25 million people employed directly in tourism industry, plus the indirect employment, the number was 79.90 million, accounting for 10.28% of the total employments in China.

1. Domestic Tourism

——Domestic trips totaled 5.001 billion, up 12.8% year-on-year. Of the total trips, 3.677 billion were taken by urban residents and 1.324billion by rural residents.

——The revenue of domestic tourism amounted to 4.57trillion yuan, with an increase of 15.9% over the previous year. Of this total revenue, 3.77trillion yuan was spent by domestic residents, and the left 0.80 trillion yuan by rural residents.

——The expenditure per capita on domestic trips was 913.03 yuan. Specifically, the average expenditure on domestic tourism by urban residents was 1024.56 yuan, while that by rural resident was 603.30 yuan.

——During two "Golden weeks", i.e. the Chinese Spring Festival, National Day holidays and Mid-Autumn Festival, there were 1.049 billion domestic trips, generating the tourism revenue of 1.0069 trillion yuan.

2. Inbound Tourism

——The inbound tourist arrivals reached 139 million, with a year-on-year growth of 0.8%. Among them, foreign tourist arrivals were 29.17 million up 3.6%, tourist arrivals from Hong Kong were 79.80 million, down 1.6%, tourist arrivals from Macao were 24.65 million, up 4.9%, tourist arrivals from Taiwan were 5.87 million, up 2.5%.

——Inbound overnight tourist arrivals totaled 60.74 million, up 2.5%. Among them, 22.48 million were foreign tourist arrivals, up 3.8%. 27.75 million were tourist arrivals from Hong Kong, up 0.1%. 5.22 million were from Macao, up 8.6%. 5.29 million were from Taiwan, up 4.0%.

——The international tourism revenue reached 123.4 billion US dollars, up 2.9%.

3. Outbound Tourism

——The Chinese outbound departures reached 131 million, up 7.0%.

——The newly approved travel destinations countries for Chinese citizens are Republic of Sudan, Uruguay, Sao Tome and Principe, New Caledonia.

—— The outbound tourism expenditure totaled 115.29 billion US dollars, up 5.0%.

4. Scale and Operation of Star Hotels

By the end of 2017, according to data from the star hotel statistics and management system, there were a total of 10,645 star hotels all over the country. Among them, 9,566 had submitted their financial statements of 2017, approved by relevant province-level tourism administrations. Those financial statements showed that:

——The 9,566 star hotels owned 1.4706 million guest rooms and 2.5055 million beds. They possessed 516.11billion yuan original value of fixed assets. Their total operating revenue was 208.393 billion yuan, with 9.688 billion yuan tax. The whole-year average occupancy rate of guest rooms was 54.80%.

——Among the 9,566 star hotels, 816 were five-star, 2,412 four-star, 4,614 three-star, 1,660 two-star, and 64 one-star.

—— There were 2,237 state-owned star hotels realizing the total operating revenue of 53.946 billion yuan and paying the tax of 1.325 billion yuan in 2017.

——There were 375 star hotels built by investors from foreign countries, and

Hong Kong/Macao/Taiwan, which realized the total operating revenue of 28.193 billion yuan and paid the tax of 0.744 billion yuan in 2017.

5. Education and Training in Tourism industry

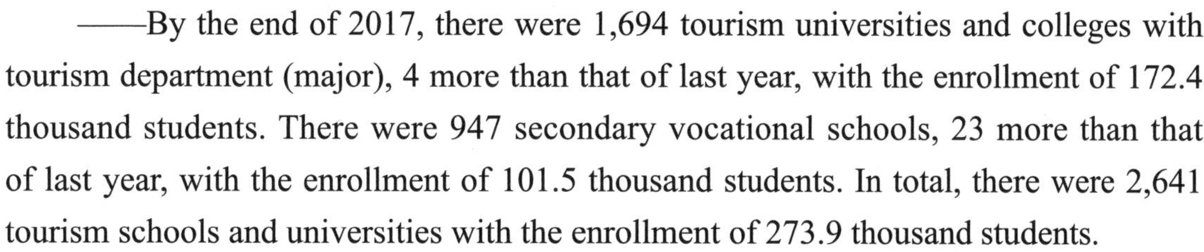

——By the end of 2017, there were 1,694 tourism universities and colleges with tourism department (major), 4 more than that of last year, with the enrollment of 172.4 thousand students. There were 947 secondary vocational schools, 23 more than that of last year, with the enrollment of 101.5 thousand students. In total, there were 2,641 tourism schools and universities with the enrollment of 273.9 thousand students.

——In 2017, employees of the whole tourism industry participating in training programs amounted to 5.865 million times, 1.12 million more than that of last year, with an increase of 23.6%.

关于《2017年中国旅游业统计公报》相关数据的说明

根据《国务院关于促进旅游业改革发展的若干意见》(国发〔2014〕31号)文件要“完善旅游统计指标体系和调查方法，建立科学的旅游发展考核评价体系”的要求，《2017年中国旅游业统计公报》的编制对原旅游统计中存在的问题进行了完善，修订了“国际旅游收入”及其相关的“旅游业总收入”“外国入境过夜游客停留天数”“人均天花费”等数据，新增了“旅游业对GDP的综合贡献”“出境旅游花费”、旅游就业及其占全国就业总人口比例等数据。现就相关相关数据说明如下：

1. 关于国际旅游收入。根据《旅游统计调查制度》规定的口径和入出境统计口径对等原则，通过辅助调查补充完善了停留时间为3~12个月的入境游客的花费和游客在华短期旅居花费，并修订了外国入境过夜游客人均停留天数和人均天花费，得到2017年国际旅游收入为1234亿美元。

2. 关于出境旅游花费。根据《国际收支手册》(第6版)，外汇管理局公布的旅行服务贸易支出实际上是中国公民境外刷卡花费总额。在核算我国“出境旅游花费”时，应根据联合国世界旅游组织《2008年国际旅游统计建议》，应扣减各类海外长期务工人员在目的地购买的货物和服务、中国长期海外留学及其家属海外购买的货物和服务，以及国民在海外的置业、购买保险和金融理财产品等支出，从而得到2017年出境旅游花费为1152.9亿美元。

3. 关于旅游总收入。根据修订的“国际旅游收入”数据计入“旅游总收入”，得到2017年旅游总收入为5.40万亿元人民币。

4. 关于旅游业对GDP的综合贡献。根据联合国世界旅游组织《2008年旅游附属账户：建议的方法框架》，以既有的国际国内游客抽样调查数据为基础，结合投入产出法，核算新增了2017年全国旅游业对GDP的综合贡献。

5. 关于旅游就业数据。根据同一性假定，即某旅游特定产业销售给游客的产品和服务占比，与该产业就业人员中属于旅游就业的比例相等，核算新增了2017年全国旅游业直接就业和间接就业数据。

EXPLANATION OF RELEVANT DATA IN THE *STATISTICAL REPORT ON CHINA'S TOURISM INDUSTRY IN 2017*

In accordance with the requirements of "improving the tourism statistical indexes system and investigation methods, and establishing a scientific assessment and evaluation system for the tourism development," expressed in the *Opinions of the State Council on Promoting the Reform and Development of the Tourism Industry* (G. F. [2014] No. 31), the *Statistical Report on China's Tourism Industry in2017* has made some refinements referring to the problems in original tourism statistics. The original term "international tourism revenue" has been amended, so have those related to it, like the "total tourism revenue," "foreign visitors' overnight stays" and "per capita expense a day", etc. New terms have been added, such as "comprehensive contribution of tourism to the GDP", "outbound tourism expense," as well as those concerning tourism employment and its proportion in total national employment population, etc. Relevant data are explained as follows:

1. International tourism revenue. According to the specifications stated in the *System of Tourism Statistics Investigation* and the equivalence principle of inbound-outbound statistics specifications, the expenses of inbound tourists staying for three to twelve months and of tourists residing for a short period are supplemented with assistant surveys. In addition, foreign visitors' overnight stays and their per capita expense a day are also revised. The international tourism revenue was USD 123.4 billion in 2017.

2. Outbound tourism expense. Based on the *Balance of Payments Manual* (Edition 6), travel service trade expenditure issued by the State Administration of Foreign Exchange is actually the total outbound expense by card of Chinese citizens. When calculating the outbound tourism expense, we should conform to *The International Recommendations for Tourism Statistics 2008 (IRTS 2008)* drafted by the United Nations World Tourism Organization (UNWTO). The outbound tourism expense is defined as the rest after deducting the expense for goods and service purchased by long term overseas workers, long term overseas students and their relatives, and the other expense caused by purchasing overseas properties, insurance and financial products, etc. Consequently, the outbound tourism expense of China was USD 115.29 billion in 2017.

3. Total tourism revenue. With the amended international tourism revenue included in total tourism revenue, the total tourism revenue was RMB 5.40 trillion in 2017.

4. Comprehensive contribution of tourism to the GDP. According to the 2008 *Tourism Satellite Account: Recommended Methodological Framework (TSA: RMF 2008)* by the UNWTO and based on international and domestic tourists sampling surveys, the comprehensive contribution of national tourism to the GDP in 2017is supplemented using the Input-output Method.

5. Tourism employment. According to the identity hypothesis that the ratio of goods and service sold to tourists in a specific tourism segment equals to that of the tourism employment to the total employees in that segment, the direct and indirect employment data of national tourism in 2017 is supplemented.

一、入境旅游人数

1. INTERNATIONAL VISITOR ARRIVALS TO CHINA

1-1 1978~2017 年中国入境过夜旅游者人数和国际旅游（外汇）收入的世界排名

RANK OF CHINA'S TOURIST ARRIVALS & TOURISM RECEIPTS IN THE WORLD 1978—2017

年 份 YEAR	过夜游客人数（万人次）		国际旅游（外汇）收入（亿美元）	
	TOURIST ARRIVALS (10000 PERSON-TIMES.)	世界排名 RANK	TOURISM RECEIPTS (100Mn. US $)	世界排名 RANK
1978	71.60	—	2.63	—
1979	152.90	—	4.49	—
1980	350.00	18	6.17	34
1981	376.70	17	7.85	34
1982	392.40	16	8.43	29
1983	379.10	16	9.41	26
1984	514.10	14	11.31	21
1985	713.30	13	12.50	21
1986	900.10	12	15.31	22
1987	1 076.00	12	18.62	26
1988	1 236.10	10	22.47	26
1989	936.10	12	18.60	27
1990	1 048.40	11	22.18	25
1991	1 246.40	12	28.45	21
1992	1 651.20	9	39.47	17

资料来源：世界旅游组织

SOURCE：WORLD TOURISM ORGANIZATION

注： *由于2014年国际旅游（外汇）收入统计口径有所调整，数据不能与往年简单对比。

NOTE：*DUE TO THE CHANGE OF STATISTICAL SCOPE IN 2014, IT IS NOT PROPER TO MAKE SIMPLE COMPARISON WITH THE FIGURES OF PREVIOUS YEARS.

联合国世界旅游组织尚未公布

NOT RELEASED BY WORLD TOURISM ORGANIZATION(UNWTO)

1-1（续 1）

年　份 YEAR	过夜游客人数（万人次） TOURIST ARRIVALS（10000 PERSON-TIMES.）	世界排名 RANK	国际旅游（外汇）收入（亿美元） TOURISM RECEIPTS（100Mn. US $）	世界排名 RANK
1993	1 898.20	7	46.83	15
1994	2 107.00	6	73.23	10
1995	2 003.40	8	87.33	10
1996	2 276.50	6	102.00	9
1997	2 377.00	6	120.74	8
1998	2 507.29	6	126.02	7
1999	2 704.66	5	140.99	7
2000	3 122.88	5	162.24	7
2001	3 316.67	5	177.92	5
2002	3 680.26	5	203.85	5
2003	3 297.05	5	174.06	7
2004	4 176.14	4	257.39	7
2005	4 680.90	4	292.96	6
2006	4 991.34	4	339.49	5
2007	5 471.98	4	419.19	5
2008	5 304.92	4	408.43	5
2009	5 087.52	4	396.75	5
2010	5 566.45	3	458.14	4
2011	5 758.07	3	484.64	4
2012	5 772.49	3	500.28	4
2013	5 568.59	4	516.64	4
2014	5 562.20	*	1 053.80	*
2015	5 688.57	4	1 136.50	2
2016	5 926.73	4	1 200.00	2
2017	6 073.84	#	1 234.17	#

1-2 1978~2017年入境旅游人数

ANNUAL VISITOR ARRIVALS 1978—2017

单 位：万人次

UNIT：10000 PERSON-TIMES

年 份 YEAR	总 计 TOTAL	外国人 FOREIGNERS	华 侨 OVERSEAS CHINESE	港澳台同胞 *COMPA-TRIOTS	#台湾同胞 TAIWAN PROVINCE
1978	180.92	22.96	1.81	156.15	—
1979	420.39	36.24	2.09	382.06	—
1980	570.25	52.91	3.44	513.90	—
1981	776.71	67.52	3.89	705.31	—
1982	792.43	76.45	4.27	711.70	—
1983	947.70	87.25	4.04	856.41	—
1984	1 285.22	113.43	4.75	1 167.04	—
1985	1 783.31	137.05	8.48	1 637.78	—
1986	2 281.95	148.23	6.81	2 126.90	—
1987	2 690.23	172.78	8.70	2 508.74	—
1988	3 169.48	184.22	7.93	2 977.33	43.77
1989	2 450.14	146.10	6.86	2 297.19	54.10
1990	2 746.18	174.73	9.11	2 562.34	94.80
1991	3 334.98	271.01	13.34	3 050.62	94.66
1992	3 811.49	400.64	16.51	3 394.34	131.78
1993	4 152.69	465.59	16.62	3 670.49	152.70
1994	4 368.45	518.21	11.52	3 838.72	139.02

资料来源：公安部

SOURCE：MINISTRY OF PUBLIC SECURITY

NOTE：* COMPATRIOTS FROM HONG KONG，MACAO AND TAIWAN PROVINCE

1-2（续 1）

年　份 YEAR	总　计 TOTAL	外国人 FOREIGNERS	华　侨 OVERSEAS CHINESE	港澳台同胞 *COMPA-TRIOTS	#台湾同胞 TAIWAN PROVINCE
1995	4 638.65	588.67	11.58	4 038.40	153.23
1996	5 112.75	674.43	15.46	4 422.86	173.39
1997	5 758.79	742.80	9.90	5 006.09	211.76
1998	6 347.84	710.77	12.07	5 625.00	217.46
1999	7 279.56	843.23	10.81	6 425.52	258.46
2000	8 344.39	1 016.04	7.55	7 320.80	310.86
2001	8 901.29	1 122.64	—	7 778.65	344.20
2002	9 790.83	1 343.95	—	8 446.88	366.06
2003	9 166.21	1 140.29	—	8 025.92	273.19
2004	10 903.82	1 693.25	—	9 210.57	368.53
2005	12 029.23	2 025.51	—	10 003.71	410.92
2006	12 494.21	2 221.03	—	10 273.18	441.35
2007	13 187.33	2 610.97	—	10 576.36	462.79
2008	13 002.74	2 432.53	—	10 570.21	438.56
2009	12 647.59	2 193.75	—	10 005.44	448.40
2010	13 376.22	2 612.69	—	10 249.48	514.06
2011	13 542.35	2 711.20	—	10 304.85	526.30
2012	13 240.53	2 719.16	—	10 521.37	534.02
2013	12 907.78	2 629.03	—	10 278.75	516.25
2014	12 849.83	2 636.08	—	10 213.75	536.59
2015	13 382.04	2 598.54	—	10 783.50	549.86
2016	13 844.38	2 815.12	—	11 029.26	573.00
2017	13 948.24	2 916.53	—	11 031.71	587.13

1-3 2017 年各月入境旅游人数

MONTHLY VISITOR ARRIVALS 2017

单 位：万人次

UNIT：10000 PERSON-TIMES

月 份 MONTH	总 计 TOTAL	外 国 人 FOREI- GNERS	香港同胞 HONGKONG COMPATRIOTS	澳门同胞 MACAO COMPATRIOTS	台湾同胞 TAIWAN COMPATRIOTS
全 年 WHOLE YEAR	**13 948.24**	**2 916.53**	**7 979.59**	**2 465.00**	**587.13**
一 月 JAN.	1 160.02	204.73	699.18	216.93	39.18
二 月 FEB.	997.75	209.42	558.43	180.12	49.78
三 月 MAR.	1 213.42	260.63	700.33	206.26	46.20
四 月 APR.	1 270.28	261.96	744.63	212.69	51.01
五 月 MAY	1 176.44	247.27	670.43	207.65	51.09
六 月 JUNE	1 132.02	240.79	643.82	196.57	50.84
七 月 JULY	1 155.22	234.88	657.91	208.59	53.84
八 月 AUG.	1 106.18	241.59	620.23	193.01	51.36
九 月 SEP.	1 152.06	245.31	659.86	201.99	44.90
十 月 OCT.	1 187.34	273.43	652.27	207.20	54.43
十一月 NOV.	1 166.76	250.12	659.09	208.32	49.22
十二月 DEC.	1 230.75	246.39	713.40	225.67	45.29

资料来源：公安部

SOURCE：MINISTRY OF PUBLIC SECURITY

1-4 2017年各月入境旅游人数（按入境方式分）
MONTHLY VISITOR ARRIVALS BY MODE OF TRANSPORT 2017

单 位：万人次
UNIT：10000 PERSON-TIMES

月 份 MONTH	总 计 TOTAL	船舶 SEA	飞机 AIR	火车 RAIL	汽车 MOTOR	徒步 FOOT
全 年 WHOLE YEAR	**13 948.24**	**459.37**	**2 299.84**	**113.48**	**3 091.95**	**7 983.60**
一 月 JAN.	1 160.02	37.05	157.00	9.90	259.04	697.03
二 月 FEB.	997.75	32.86	171.51	7.42	214.46	571.49
三 月 MAR.	1 213.42	39.81	200.41	9.37	268.19	695.65
四 月 APR.	1 270.28	43.55	207.90	12.46	276.17	730.20
五 月 MAY	1 176.44	37.76	194.82	8.87	258.44	676.56
六 月 JUNE	1 132.02	39.30	185.87	8.27	253.59	644.98
七 月 JULY	1 155.22	40.94	187.39	9.00	252.50	665.38
八 月 AUG.	1 106.18	38.84	190.02	8.93	244.83	623.56
九 月 SEP.	1 152.06	33.10	195.50	8.98	259.69	654.81
十 月 OCT.	1 187.34	39.94	220.22	11.12	261.30	654.76
十一月 NOV.	1 166.76	36.59	197.73	9.06	267.17	656.20
十二月 DEC.	1 230.75	39.63	191.48	10.09	276.57	712.99

资料来源：公安部
SOURCE：MINISTRY OF PUBLIC SECURITY

1-5 2016~2017 年主要客源国入境旅游人数
FOREIGN VISITOR ARRIVALS FROM THE MAIN GENERATING COUNTRIES 2016—2017

单 位：万人次
UNIT：10000 PERSON-TIMES

国 籍 NATIONALITY	2017年 2017	2016年 2016	2017年比2016年增长（%） GROWTH（%）
总 计 TOTAL	**2 916.53**	**2 815.12**	**3.6**
其 中 OF WHICH			
缅 甸 MYNMAR*	965.55	242.81	297.7
越 南 VIETNAM*	654.42	316.73	106.6
韩 国 KOREA	385.49	476.22	-19.1
日 本 JAPAN	268.00	258.74	3.6
俄 罗 斯 RUSSIA*	234.46	197.60	18.7
美 国 U.S.A	230.93	224.78	2.7
蒙 古 MONGOLIA*	186.40	134.23	38.9
马 来 西 亚 MALAYSIA	123.25	116.39	5.9
菲 律 宾 PHILIPPINES	116.09	113.47	2.3
新 加 坡 SINGAPORE	94.02	92.19	2.0
印 度 INDIA*	81.90	79.91	2.5
加 拿 大 CANADA	80.50	74.08	8.7
泰 国 THAILAND	77.57	74.90	3.6
澳 大 利 亚 AUSTRALIA	73.37	67.32	9.0
印 度 尼 西 亚 INDONESIA	68.08	63.29	7.6
德 国 GERMANY	63.41	62.27	1.8
英 国 UNITED KINGDOM	59.07	59.43	-0.6
法 国 FRANCE	49.37	50.35	-1.9

注：*含边民来华旅游人数
NOTE: * INCLUDING INTERNATIONAL ARRIVALS FROM THE BORDER AREAS TO CHINA

1-5（续1）

国　籍 NATIONALITY	2017年 2017	2016年 2016	2017年比2016年增长（%） GROWTH（%）
意大利 ITALY	27.97	26.68	4.8
老挝 LAOS*	23.09	8.36	176.2
朝鲜 KOREA,D.P.REP.*	22.95	20.95	9.5
哈萨克斯坦 KAZAKHSTAN*	22.29	22.54	–1.1
荷兰 NETHERLANDS	19.40	19.95	–2.8
乌克兰 UKRAINE	17.18	16.04	7.1
西班牙 SPAIN	15.56	14.96	4.0
新西兰 NEW ZEALAND	14.35	13.60	5.5
伊朗 IRAN	13.67	12.80	6.8
尼泊尔 NEPAL*	13.25	8.33	59.0
巴基斯坦 PAKISTAN*	12.73	11.91	6.9
瑞典 SWEDEN	11.18	11.52	–3.0
巴西 BRAZIL	10.52	9.33	12.7
以色列 ISRAEL	9.15	8.29	10.4
孟加拉国 BANGLADESH	9.15	8.50	7.7
波兰 POLAND	9.05	8.39	7.8
埃及 EGYPT	8.35	8.29	0.8
墨西哥 MEXICO	8.21	7.33	12.0
土耳其 TURKEY	7.55	7.91	–4.6
南非 SOUTH AFRICA	7.49	6.67	12.3
瑞士 SWITZERLAND	7.21	7.26	–0.6
丹麦 DANMARK	7.02	7.16	–1.9
比利时 BELGIUM	6.82	6.67	2.4
奥地利 AUSTRIA	6.76	6.59	2.5
斯里兰卡 SRI LANKA	6.30	6.03	4.5
柬埔寨 CAMBODIA	6.16	4.99	23.5
芬兰 FINLAND	5.78	5.79	–0.1

1-6 2017年各月入境外国
MONTHLY FOREIGN VISITOR

国籍 NATIONALITY		一月 JAN.	二月 FEB.	三月 MAR.	四月 APR.	五月 MAY	六月 JUNE
总计	**TOTAL***	**301.22**	**299.80**	**369.07**	**371.93**	**383.39**	**366.35**
亚洲	**ASIA**	**224.06**	**228.76**	**269.42**	**265.12**	**289.37**	**278.56**
日本	JAPAN	18.30	21.54	24.84	21.58	22.93	21.14
韩国	KOREA	33.24	37.91	33.38	27.96	28.42	29.18
蒙古	MONGOLIA*	14.18	12.59	13.96	15.94	16.78	18.44
印度尼西亚	INDONESIA	4.63	4.40	5.62	6.17	5.26	7.49
马来西亚	MALAYSIA	6.50	7.20	11.95	11.52	10.87	9.57
菲律宾	PHILIPPINES	9.32	8.06	10.14	10.46	9.62	9.57
新加坡	SINGAPORE	5.88	5.66	8.17	8.31	8.39	9.08
泰国	THAILAND	4.50	5.84	7.94	8.77	6.39	6.05
印度	INDIA*	4.81	5.79	7.50	7.85	7.90	7.71
其他	OTHERS	122.69	119.77	145.93	146.55	172.82	160.33
欧洲	**EUROPE**	**40.56**	**39.48**	**53.25**	**57.03**	**50.63**	**45.82**
英国	UNITED KINGDOM	4.44	4.05	5.71	6.22	4.97	4.36
法国	FRANCE	3.59	3.78	4.25	5.25	4.29	3.54
德国	GERMANY	4.47	4.45	6.04	7.25	5.70	4.46
意大利	ITALY	1.95	2.02	2.49	2.61	2.45	2.13
瑞士	SWITZERLAND	0.46	0.44	0.58	0.84	0.65	0.56
瑞典	SWEDEN	0.93	0.81	1.01	1.17	0.89	0.90
荷兰	NETHERLANDS	1.49	1.23	1.67	2.00	1.64	1.38
俄罗斯	RUSSIA*	15.16	14.96	21.35	20.17	20.21	19.68
其他	OTHERS	8.08	7.75	10.15	11.51	9.83	8.79
美洲	**AMERICA**	**25.96**	**22.87**	**32.68**	**34.66**	**30.32**	**30.08**
美国	U.S.A	16.53	14.67	20.94	22.45	19.84	21.32
加拿大	CANADA	6.60	5.49	8.07	7.38	6.83	5.48
其他	OTHERS	2.83	2.71	3.67	4.84	3.65	3.28
大洋洲	**OCEANIA**	**7.54**	**4.90**	**7.43**	**9.25**	**7.54**	**7.46**
澳大利亚	AUSTRALIA	6.20	4.01	6.24	7.66	6.26	6.14
新西兰	NEW ZEALAND	1.24	0.81	1.08	1.43	1.17	1.18
其他	OTHERS	0.11	0.09	0.11	0.16	0.11	0.14
非洲	**AFRICA**	**3.08**	**3.78**	**6.27**	**5.84**	**5.51**	**4.41**
其他	**OTHERS**	**0.02**	**0.01**	**0.02**	**0.02**	**0.02**	**0.02**

资料来源：公安部

SOURCE：MINISTRY OF PUBLIC SECURITY

注：*含边民来华旅游人数

NOTE: * INCLUDING INTERNATIONAL ARRIVALS FROM THE BORDER AREAS TO CHINA

游客人数（按国籍分）

ARRIVALS BY NATIONALITY 2017

单　位：万人次
UNIT：10000 PERSON-TIMES

七月 JULY	八月 AUG.	九月 SEP.	十月 OCT.	十一月 NOV.	十二月 DEC.	合计 TOTAL	占总数比重（%） P.C. TOTAL	比上年增长（%） GROWTH（%）
347.33	**358.79**	**357.97**	**389.80**	**372.67**	**376.00**	**4 294.30**	**100.00**	#
257.72	**272.32**	**264.47**	**281.26**	**279.35**	**291.43**	**3 201.83**	**74.56**	#
21.70	23.67	22.22	24.25	23.77	22.06	268.00	6.24	3.6
31.63	34.95	31.29	36.01	30.48	31.05	385.49	8.98	-19.1
13.97	19.70	15.25	14.88	16.28	14.43	186.40	4.34	38.9
5.30	5.18	5.66	6.37	5.36	6.66	68.08	1.59	7.6
7.07	7.90	10.03	12.85	12.68	15.10	123.25	2.87	5.9
10.05	9.90	8.70	10.25	9.42	10.58	116.09	2.70	2.3
6.01	6.13	7.52	8.59	9.41	10.87	94.02	2.19	2.0
5.21	5.30	5.87	7.38	6.84	7.49	77.57	1.81	3.6
6.81	6.84	6.67	7.12	6.53	6.37	81.90	1.91	2.5
149.97	152.76	151.25	153.55	158.57	166.82	1801.02	41.94	#
48.30	**49.06**	**49.29**	**59.07**	**50.04**	**43.77**	**586.30**	**13.65**	#
4.92	4.71	4.80	6.03	4.93	3.94	59.07	1.38	-0.6
4.08	4.15	3.75	5.17	4.10	3.42	49.37	1.15	-1.9
4.67	4.93	5.21	6.73	5.57	3.93	63.41	1.48	1.8
2.16	2.54	2.29	2.89	2.51	1.93	27.97	0.65	4.8
0.67	0.53	0.65	0.77	0.59	0.46	7.21	0.17	-0.6
0.68	0.69	0.90	1.23	1.06	0.90	11.18	0.26	-3.0
1.94	1.55	1.54	1.97	1.56	1.42	19.40	0.45	-2.8
20.07	20.79	20.31	22.37	20.03	19.36	234.46	5.46	18.7
9.13	9.16	9.84	11.90	9.69	8.41	114.24	2.66	#
29.71	**26.01**	**28.52**	**35.02**	**30.90**	**27.25**	**353.98**	**8.24**	#
19.63	16.68	18.27	22.57	20.25	17.76	230.93	5.38	2.7
6.64	5.75	6.48	7.63	7.34	6.82	80.50	1.87	8.7
3.43	3.58	3.77	4.82	3.31	2.66	42.55	0.99	#
6.32	**5.92**	**8.79**	**8.20**	**6.96**	**8.83**	**89.13**	**2.08**	#
5.05	4.78	7.25	6.80	5.75	7.24	73.37	1.71	9.0
1.15	1.02	1.38	1.30	1.11	1.48	14.35	0.33	5.5
0.12	0.12	0.16	0.10	0.10	0.10	1.42	0.03	#
5.27	**5.45**	**6.88**	**6.23**	**5.40**	**4.70**	**62.83**	**1.46**	#
0.02	**0.02**	**0.02**	**0.02**	**0.02**	**0.02**	**0.22**	**0.01**	#

注：#2016年9月开始统计边民来华旅游人数，口径发生变化，数据不能与往年简单对比

NOTE: # ARRIVALS FROM BORDER AREAS HAVE BEEN INCLUDED IN INTERNATIONAL ARRIVALS SINCE SEPTEMBER 2016. AS A RESULT ,THE DATA CAN NOT BE COMPARED WITH THOSE OF PREVIOUS YEARS AFTER THIS STATISTICAL DEFINITION CHANGE.

1-7 2012~2017年入境外国旅游者人数（按国籍分）

ANNUAL FOREIGN VISITOR ARRIVALS BY NATIONALITY 2012—2017

单　位：万人次

UNIT：10000 PERSON-TIMES

国　籍 NATIONALITY	2012年 2012	2013年 2013	2014年 2014	2015年 2015	2016年* 2016	2017年* 2017
总　计 TOTAL	**2 719.16**	**2 629.03**	**2 636.08**	**2 598.54**	**3 148.38**	**4 294.30**
亚　洲 ASIA	**1 664.88**	**1 608.83**	**1 636.15**	**1 662.00**	**2 125.08**	**3 201.83**
日　本 JAPAN	351.82	287.75	271.76	249.77	258.74	268.00
韩　国 KOREA	406.99	396.90	418.17	444.44	476.22	385.49
蒙　古 MONGOLIA	101.05	105.00	108.27	101.41	134.23	186.40
印度尼西亚 INDONESIA	62.20	60.53	56.69	54.48	63.29	68.08
马来西亚 MALAYSIA	123.55	120.65	112.96	107.55	116.39	123.25
菲律宾 PHILIPPINES	96.20	99.67	96.79	100.40	113.47	116.09
新加坡 SINGAPORE	102.77	96.66	97.14	90.53	92.19	94.02
泰　国 THAILAND	64.76	65.17	61.31	64.15	74.90	77.57
印　度 INDIA	61.02	67.67	70.99	73.05	79.91	81.90
其　他 OTHERS	294.53	308.83	342.08	376.24	715.74	1 801.02
欧　洲 EUROPE	**592.16**	**566.00**	**548.41**	**489.14**	**543.99**	**586.30**
英　国 UNITED KINGDOM	61.84	62.50	60.47	57.96	59.43	59.07
法　国 FRANCE	52.48	53.35	51.70	48.69	50.35	49.37
德　国 GERMANY	65.96	64.93	66.26	62.34	62.27	63.41
意大利 ITALY	25.20	25.12	25.31	24.61	26.68	27.97
瑞　士 SWITZERLAND	8.28	8.06	7.95	7.27	7.26	7.21
瑞　典 SWEDEN	17.16	15.90	14.20	11.84	11.52	11.18
荷　兰 NETHERLANDS	19.55	18.86	18.04	18.18	19.95	19.40
俄罗斯 RUSSIA	242.62	218.63	204.58	158.23	197.59	234.46
其　他 OTHERS	99.08	98.67	99.88	100.02	108.95	114.24
美　洲 AMERICA	**317.95**	**312.38**	**310.65**	**311.53**	**337.88**	**353.98**
美　国 U.S.A	211.81	208.53	209.32	208.58	224.78	230.93
加拿大 CANADA	70.83	68.42	66.71	67.98	74.08	80.50
其　他 OTHERS	35.32	35.44	34.63	34.98	39.02	42.55
大洋洲 OCEANIA	**91.49**	**86.34**	**81.01**	**77.64**	**82.35**	**89.13**
澳大利亚 AUSTRALIA	77.43	72.31	67.21	63.73	67.32	73.37
新西兰 NEW ZEALAND	12.83	12.86	12.66	12.54	13.60	14.35
其　他 OTHERS	1.23	1.17	1.14	1.36	1.42	1.42
非　洲 AFRICA	**52.49**	**55.27**	**59.69**	**58.02**	**58.86**	**62.83**
其　他 OTHERS	**0.19**	**0.22**	**0.18**	**0.21**	**0.22**	**0.22**

资料来源：公安部

SOURCE：MINISTRY OF PUBLIC SECURITY

注：*含边民来华旅游人数

NOTE: * INCLUDING INTERNATIONAL ARRIVALS FROM THE BORDER AREAS TO CHINA

二、入境外国游客主要特征

2. MAJOR PROFILE OF FOREIGN VISITOR ARRIVALS

2-1 2016~2017 年入境外国游客人数

（按年龄、性别、目的和入境方式分）

FOREIGN VISITOR ARRIVALS BY AGE, SEX, PURPOSE & MODE OF TRANSPORT 2016—2017

单 位：万人次

UNIT：10000 PERSON-TIMES

项 目 ITEM	2017年* 2017	占总人数比重（%） P.C. TOTAL	2016年* 2016	占总人数比重（%） P.C. TOTAL
总 计 TOTAL	**4 294.30**	**100.0**	**3 148.38**	**100.0**
14岁及以下 UNDER 14	134.75	3.1	114.73	3.6
15~24岁 15-24	568.82	13.2	303.32	9.6
25~44岁 25-44	2 143.34	49.9	1 473.56	46.8
45~64岁 45-64	1 256.03	29.2	1 078.39	34.3
65岁及以上 OVER 65	191.36	4.5	178.37	5.7
男 性 MALE	2 607.98	60.7	1 982.04	63.0
女 性 FEMALE	1 686.32	39.3	1 166.33	37.0
会议/商务 MEETING/BUSINESS	569.68	13.3	579.74	18.4
观光休闲 SIGHTSEEING/LEISURE	1 593.04	37.1	1 051.15	33.4
探亲访友 VISITING RELATIVES & FRIENDS	110.28	2.6	96.19	3.1
服务员工 WORKERS & CREWS	633.91	14.8	471.75	15.0
其 他 OTHERS	1 387.40	32.3	949.55	30.1
船 舶 SEA	277.55	6.5	284.49	9.0
飞 机 AIR	1 717.09	40.0	1 691.12	53.7
火 车 RAIL	42.78	1.0	41.98	1.3
汽 车 MOTOR	685.18	16.0	442.74	14.1
徒 步 FOOT	1 571.70	36.6	688.05	21.9

资料来源：公安部

SOURCE：MINISTRY OF PUBLIC SECURITY

注：*含边民来华旅游人数

NOTE: * INCLUDING INTERNATIONAL ARRIVALS FROM THE BORDER AREAS TO CHINA

2-2 2017年各月入境外国
MONTHLY FOREIGN VISITOR

月份 MONTH	合计* TOTAL	会议/商务 MEETING/ BUSINESS
全 年 WHOLE YEAR	**4 294.30**	**569.68**
一 月 JAN.	301.22	35.39
二 月 FEB.	299.80	39.14
三 月 MAR.	369.07	52.67
四 月 APR.	371.93	52.04
五 月 MAY	383.39	51.48
六 月 JUNE	366.35	46.98
七 月 JULY	347.33	45.93
八 月 AUG.	358.79	42.50
九 月 SEP.	357.97	47.78
十 月 OCT.	389.80	55.96
十一月 NOV.	372.67	55.08
十二月 DEC.	376.00	44.72

资料来源：公安部
SOURCE：MINISTRY OF PUBLIC SECURITY
注：*含边民来华旅游人数
NOTE: * INCLUDING INTERNATIONAL ARRIVALS FROM THE BORDER AREAS TO CHINA

游客人数（按目的分）
ARRIVALS BY PURPOSE 2017

单 位：万人次
UNIT：10000 PERSON-TIMES

观光休闲 SIGHTSEEING/ LEISURE	探亲访友 VISITING RELATIVES& FRIENDS	服务员工 WORKERS & CREWS	其 他 OTHERS
1 593.04	**110.28**	**633.91**	**1 387.40**
106.64	10.17	49.79	99.22
104.64	6.09	44.74	105.19
143.03	8.86	54.22	110.28
142.00	9.42	52.36	116.11
136.91	9.17	57.78	128.04
132.83	10.08	57.82	118.65
128.66	10.90	53.94	107.90
130.04	8.42	55.29	122.54
134.08	9.13	50.81	116.18
152.83	8.77	51.99	120.25
139.69	8.14	51.54	118.21
141.69	11.12	53.64	124.83

2-3 2017年各月入境外国游客人数（按年龄和性别分）

MONTHLY FOREIGN VISITOR ARRIVALS BY AGE & SEX 2017

单 位：万人次

UNIT：10000 PERSON-TIMES

月 份 MONTH	合 计* TOTAL	年 龄 AGE					性 别 SEX	
		14岁及以下 UNDER 14	15~24岁 15-24	25~44岁 25-44	45~64岁 45-64	65岁及以上 OVER 65	男 性 MALE	女 性 FEMALE
全 年 WHOLE YEAR	**4 294.30**	**134.75**	**568.82**	**2 143.34**	**1 256.03**	**191.36**	**2 607.98**	**1 686.32**
一 月 JAN.	301.22	11.94	40.20	152.14	86.53	10.42	181.65	119.56
二 月 FEB.	299.80	8.96	43.30	148.89	87.60	11.04	184.99	114.81
三 月 MAR.	369.07	8.95	45.82	181.37	113.05	19.88	228.12	140.95
四 月 APR.	371.93	10.95	44.81	184.59	112.46	19.12	227.37	144.56
五 月 MAY	383.39	9.48	51.16	194.11	111.31	17.32	234.28	149.11
六 月 JUNE	366.35	12.53	51.32	181.67	105.28	15.56	222.68	143.67
七 月 JULY	347.33	14.52	51.47	172.74	96.70	11.90	211.15	136.18
八 月 AUG.	358.79	14.55	53.69	179.58	98.72	12.25	214.87	143.92
九 月 SEP.	357.97	8.17	47.05	178.20	105.86	18.69	216.35	141.62
十 月 OCT.	389.80	11.36	44.33	191.86	120.22	22.04	235.76	154.04
十一月 NOV.	372.67	8.94	43.67	187.86	113.35	18.84	227.41	145.25
十二月 DEC.	376.00	14.41	52.00	190.32	104.96	14.31	223.34	152.65

资料来源：公安部

SOURCE：MINISTRY OF PUBLIC SECURITY

注：*含边民来华旅游人数

NOTE: * INCLUDING INTERNATIONAL ARRIVALS FROM THE BORDER AREAS TO CHINA

2-4 2017年各月入境外国游客人数
（按入境方式分）
MONTHLY FOREIGN VISITOR ARRIVALS BY MODE OF TRANSPORT 2017

单 位：万人次

UNIT：10000 PERSON-TIMES

月 份 MONTH	总 计* TOTAL	船舶 SEA	飞机 AIR	火车 RAIL	汽车 MOTOR	徒步 FOOT
全 年 WHOLE YEAR	**4 294.30**	**277.55**	**1 717.09**	**42.78**	**685.18**	**1 571.70**
一 月 JAN.	301.22	21.16	116.49	2.82	50.15	110.60
二 月 FEB.	299.80	18.79	126.83	2.83	46.10	105.25
三 月 MAR.	369.07	25.39	154.21	3.78	58.73	126.96
四 月 APR.	371.93	24.52	153.46	4.73	58.88	130.34
五 月 MAY	383.39	23.04	144.08	3.54	64.27	148.45
六 月 JUNE	366.35	24.57	135.43	3.24	64.34	138.78
七 月 JULY	347.33	24.85	134.35	3.16	54.90	130.07
八 月 AUG.	358.79	24.59	141.48	3.34	59.80	129.58
九 月 SEP.	357.97	21.63	150.49	3.47	54.78	127.60
十 月 OCT.	389.80	24.79	166.91	5.03	58.38	134.69
十一月 NOV.	372.67	21.89	150.48	3.53	58.01	138.75
十二月 DEC.	376.00	22.33	142.88	3.30	56.85	150.64

资料来源：公安部

SOURCE：MINISTRY OF PUBLIC SECURITY

注：*含边民来华旅游人数

NOTE: * INCLUDING INTERNATIONAL ARRIVALS FROM THE BORDER AREAS TO CHINA

2-5 2017 年入境外国游客
FOREIGN VISITOR ARRIVALS

国籍 NATIONALITY		合 计* TOTAL	会议/商务 MEETING/BUSINESS
总　　计	**TOTAL**	**4 294.30**	**569.68**
亚　　洲	**ASIA**	**3 201.83**	**297.41**
日　　本	JAPAN	268.00	79.54
韩　　国	KOREA	385.49	62.12
蒙　　古	MONGOLIA	186.40	9.95
印度尼西亚	INDONESIA	68.08	3.56
马来西亚	MALAYSIA	123.25	16.75
菲 律 宾	PHILIPPINES	116.09	3.62
新 加 坡	SINGAPORE	94.02	21.52
泰　　国	THAILAND	77.57	4.78
印　　度	INDIA	81.90	22.42
其　　他	OTHERS	1 801.02	73.15
欧　　洲	**EUROPE**	**586.30**	**177.09**
英　　国	UNITED KINGDOM	59.07	15.23
法　　国	FRANCE	49.37	10.57
德　　国	GERMANY	63.41	22.33
意 大 利	ITALY	27.97	7.26
瑞　　士	SWITZERLAND	7.21	1.99
瑞　　典	SWEDEN	11.18	3.58
荷　　兰	NETHERLANDS	19.40	4.50
俄 罗 斯	RUSSIA	234.46	84.98
其　　他	OTHERS	114.24	26.67
美　　洲	**AMERICA**	**353.98**	**56.92**
美　　国	U.S.A	230.93	38.95
加 拿 大	CANADA	80.50	8.11
其　　他	OTHERS	42.55	9.86
大 洋 洲	**OCEANIA**	**89.13**	**15.04**
澳大利亚	AUSTRALIA	73.37	12.12
新 西 兰	NEW ZEALAND	14.35	2.63
其　　他	OTHERS	1.42	0.30
非　　洲	**AFRICA**	**62.83**	**23.18**
其　　他	**OTHERS**	**0.22**	**0.03**

资料来源：公安部
SOURCE：MINISTRY OF PUBLIC SECURITY
注：*含边民来华旅游人数
NOTE: * INCLUDING INTERNATIONAL ARRIVALS FROM THE BORDER AREAS TO CHINA

人数（按国籍和目的分）
BY NATIONALITY & PURPOSE 2017

单　位：万人次
UNIT：10000 PERSON-TIMES

观光休闲 SIGHTSEEING/ LEISURE	探亲访友 VISITING RELATIVES & FRIENDS	服务员工 WORKERS & CREWS	其　他 OTHERS
1 593.04	**110.28**	**633.91**	**1 387.40**
1 238.54	**29.27**	**527.00**	**1 109.60**
44.76	6.33	10.39	126.98
207.96	4.35	31.14	79.91
9.37	0.07	48.93	118.08
33.52	0.41	25.11	5.49
75.53	1.60	12.79	16.58
20.95	0.30	81.41	9.81
24.76	7.08	7.05	33.61
43.78	0.28	21.31	7.43
15.27	0.39	23.71	20.11
762.63	8.47	265.16	691.61
194.36	**15.11**	**71.86**	**127.89**
18.14	3.67	4.44	17.59
13.63	2.06	3.62	19.49
11.66	2.93	4.22	22.26
7.93	0.51	4.14	8.14
2.25	0.40	0.69	1.88
2.47	0.86	0.79	3.48
4.63	1.21	1.91	7.15
104.46	0.47	27.66	16.90
29.19	3.00	24.38	31.01
123.28	**48.75**	**23.30**	**101.72**
88.18	25.08	15.00	63.73
22.26	21.45	3.51	25.18
12.85	2.22	4.80	12.82
24.56	**16.56**	**4.39**	**28.59**
21.11	13.99	3.33	22.82
3.27	2.44	0.70	5.31
0.18	0.13	0.36	0.46
12.21	**0.58**	**7.33**	**19.54**
0.09	**0.01**	**0.03**	**0.05**

2-6 2017年入境外国游客
FOREIGN VISITOR ARRIVALS

国籍 NATIONALITY		合计* TOTAL	年龄	
			14岁及以下 UNDER 14	15~24岁 15-24
总计	**TOTAL**	**4 294.30**	**134.75**	**568.82**
亚洲	**ASIA**	**3 201.83**	**76.61**	**482.34**
日本	JAPAN	268.00	10.18	11.98
韩国	KOREA	385.49	17.24	26.79
蒙古	MONGOLIA	186.40	5.31	13.46
印度尼西亚	INDONESIA	68.08	1.95	8.52
马来西亚	MALAYSIA	123.25	4.67	9.11
菲律宾	PHILIPPINES	116.09	1.39	7.02
新加坡	SINGAPORE	94.02	5.33	5.18
泰国	THAILAND	77.57	1.61	6.11
印度	INDIA	81.90	1.91	6.54
其他	OTHERS	1 801.02	27.03	387.65
欧洲	**EUROPE**	**586.30**	**21.87**	**48.89**
英国	UNITED KINGDOM	59.07	2.93	4.44
法国	FRANCE	49.37	2.68	4.13
德国	GERMANY	63.41	2.45	4.20
意大利	ITALY	27.97	0.64	1.71
瑞士	SWITZERLAND	7.21	0.26	0.48
瑞典	SWEDEN	11.18	0.56	0.76
荷兰	NETHERLANDS	19.40	0.75	1.63
俄罗斯	RUSSIA	234.46	8.47	22.23
其他	OTHERS	114.24	3.12	9.31
美洲	**AMERICA**	**353.98**	**26.21**	**26.41**
美国	U.S.A	230.93	16.11	16.85
加拿大	CANADA	80.50	7.17	6.02
其他	OTHERS	42.55	2.93	3.54
大洋洲	**OCEANIA**	**89.13**	**9.08**	**6.51**
澳大利亚	AUSTRALIA	73.37	7.22	5.16
新西兰	NEW ZEALAND	14.35	1.81	1.16
其他	OTHERS	1.42	0.05	0.19
非洲	**AFRICA**	**62.83**	**0.99**	**4.65**
其他	**OTHERS**	**0.22**	**0.00**	**0.01**

资料来源：公安部
SOURCE：MINISTRY OF PUBLIC SECURITY
注：*含边民来华旅游人数
NOTE: * INCLUDING INTERNATIONAL ARRIVALS FROM THE BORDER AREAS TO CHINA

人数（按国籍、年龄和性别分）

BY NATIONALITY, AGE & SEX 2017

单　位：万人次

UNIT：10000 PERSON-TIMES

AGE			性　别　SEX	
25~44岁 25–44	45~64岁 45–64	65岁及以上 OVER 65	男　性 MALE	女　性 FEMALE
2 143.34	**1 256.03**	**191.36**	**2 607.98**	**1 686.32**
1 702.96	**830.41**	**109.51**	**1 945.21**	**1 256.62**
96.04	123.36	26.45	205.94	62.07
149.66	164.07	27.73	241.59	143.89
116.50	49.56	1.58	122.28	64.12
34.93	17.91	4.78	41.50	26.58
52.69	45.77	11.01	73.06	50.19
76.08	29.80	1.80	91.90	24.19
31.89	41.93	9.69	59.00	35.03
42.28	22.16	5.41	36.40	41.17
52.89	18.71	1.85	70.55	11.34
1 050.00	317.14	19.21	1 002.98	798.04
257.53	**223.46**	**34.56**	**351.58**	**234.72**
22.85	24.10	4.76	40.39	18.68
21.47	17.76	3.32	32.52	16.85
25.42	27.86	3.48	46.83	16.58
12.74	11.32	1.56	21.36	6.61
2.54	3.28	0.64	5.09	2.12
4.15	4.95	0.75	7.65	3.53
7.34	8.35	1.33	13.12	6.27
101.82	88.00	13.95	105.89	128.58
59.19	37.85	4.76	78.74	35.50
115.30	**148.89**	**37.18**	**214.81**	**139.17**
68.72	101.95	27.30	142.81	88.12
24.66	34.63	8.02	44.51	36.00
21.91	12.31	1.86	27.49	15.06
28.59	**35.85**	**9.11**	**52.67**	**36.47**
23.55	29.57	7.86	43.23	30.13
4.37	5.80	1.20	8.43	5.92
0.67	0.47	0.05	1.01	0.41
38.90	**17.32**	**0.97**	**43.56**	**19.28**
0.06	**0.11**	**0.03**	**0.15**	**0.07**

2-7 2017年入境外国游客人数（按国籍和入境方式分）

FOREIGN VISITOR ARRIVALS BY NATIONALITY & MODE OF TRANSPORT 2017

单 位：万人次

UNIT：10000 PERSON-TIMES

国 籍 NATIONALITY	总计* TOTAL	船舶 SEA	飞机 AIR	火车 RAIL	汽车 MOTOR	徒步 FOOT
总 计 TOTAL	**4 294.30**	**277.55**	**1 717.09**	**42.78**	**685.18**	**1 571.70**
亚 洲 ASIA	**3 201.83**	**198.97**	**1 011.99**	**20.79**	**486.44**	**1 483.65**
日 本 JAPAN	268.00	8.81	214.65	2.73	17.02	24.80
韩 国 KOREA	385.49	25.41	328.64	1.33	8.63	21.47
蒙 古 MONGOLIA	186.40	0.10	8.19	4.53	167.10	6.49
印度尼西亚 INDONESIA	68.08	20.88	32.14	0.97	4.99	9.10
马来西亚 MALAYSIA	123.25	5.05	96.34	0.95	5.56	15.34
菲 律 宾 PHILIPPINES	116.09	79.22	23.27	0.57	3.75	9.27
新 加 坡 SINGAPORE	94.02	2.97	71.00	0.91	6.07	13.07
泰 国 THAILAND	77.57	3.39	60.07	0.32	2.91	10.87
印 度 INDIA	81.90	25.27	40.92	1.16	4.47	10.07
其 他 OTHERS	1 801.02	27.86	136.74	7.31	265.93	1363.17
欧 洲 EUROPE	**586.30**	**55.15**	**323.62**	**12.08**	**157.81**	**37.64**
英 国 UNITED KINGDOM	59.07	4.18	40.44	1.73	5.29	7.42
法 国 FRANCE	49.37	1.53	39.68	1.07	3.45	3.65
德 国 GERMANY	63.41	2.77	54.20	0.85	2.90	2.68
意 大 利 ITALY	27.97	3.49	20.57	0.51	1.69	1.70
瑞 士 SWITZERLAND	7.21	0.28	5.78	0.18	0.48	0.49
瑞 典 SWEDEN	11.18	0.68	9.00	0.22	0.65	0.63
荷 兰 NETHERLANDS	19.40	0.68	15.50	0.44	1.15	1.63
俄 罗 斯 RUSSIA	234.46	22.21	60.19	5.41	137.17	9.49
其 他 OTHERS	114.24	19.32	78.26	1.68	5.03	9.95
美 洲 AMERICA	**353.98**	**16.08**	**263.15**	**6.77**	**31.77**	**36.21**
美 国 U.S.A	230.93	9.16	178.38	3.60	19.88	19.91
加 拿 大 CANADA	80.50	3.32	56.05	1.84	8.43	10.86
其 他 OTHERS	42.55	3.60	28.72	1.34	3.46	5.43
大 洋 洲 OCEANIA	**89.13**	**4.94**	**64.47**	**2.17**	**7.28**	**10.28**
澳大利亚 AUSTRALIA	73.37	3.97	53.42	1.75	5.87	8.37
新 西 兰 NEW ZEALAND	14.35	0.59	10.44	0.40	1.21	1.71
其 他 OTHERS	1.42	0.38	0.62	0.03	0.20	0.19
非 洲 AFRICA	**62.83**	**2.37**	**53.74**	**0.96**	**1.87**	**3.89**
其 他 OTHERS	**0.22**	**0.04**	**0.12**	**0.00**	**0.01**	**0.04**

资料来源：公安部

SOURCE：MINISTRY OF PUBLIC SECURITY

注：*含边民来华旅游人数

NOTE: * INCLUDING INTERNATIONAL ARRIVALS FROM THE BORDER AREAS TO CHINA

三、国际旅游（外汇）收入

3. INTERNATIONAL TOURISM RECEIPTS

3-1 1978~2017 年国际旅游（外汇）收入

INTERNATIONAL TOURISM RECEIPTS 1978—2017

年份 YEAR	国际旅游（外汇）收入 （亿美元） TOURISM RECEIPTS（100Mn. US $）	发展指数 （1978年为100） INDICES（1978=100）	比上年增长 （%） GROWTH（%）
1978	2.63	100.00	—
1979	4.49	170.90	70.9
1980	6.17	234.60	37.3
1981	7.85	298.60	27.3
1982	8.43	320.70	7.4
1983	9.41	358.00	11.6
1984	11.31	430.30	20.2
1985	12.50	475.50	10.5
1986	15.31	582.30	22.5
1987	18.62	708.10	21.6
1988	22.47	854.60	20.7
1989	18.60	707.70	-17.2
1990	22.18	843.50	19.2
1991	28.45	1 082.10	28.3
1992	39.47	1 501.30	38.7
1993	46.83	1 781.40	18.7
1994	73.23	2 785.40	*
1995	87.33	3 321.70	19.3

注：*由于国家外汇管理体制变化，1994年国际旅游（外汇）收入统计方法也做了相应的改革，采用了与国际接轨的办法，与往年不能简单对比。

NOTE：*BECAUSE OF THE REFORM IN THE FOREIGN CURRENCY CONTROL SYSTEM,THE METHOD OF CALCULATING TOURISM RECEIPTS IN 1994 HAS ALSO BEEN ADJUSTED AND THE INTERNATIONAL STANDARD IS ADOPTED.IT IS NOT PROPER TO MAKE SIMPLE COMPARISON WITH THE FIGURES OF PREVIOUS YEARS.

3-1（续 1）

年份 YEAR	国际旅游（外汇）收入 （亿美元） TOURISM RECEIPTS（100Mn. US $）	发展指数 （1978年为100） INDICES（1978=100）	比上年增长 （%） GROWTH（%）
1996	102.00	3 879.98	16.8
1997	120.74	4 592.67	18.4
1998	126.02	4 793.36	4.4
1999	140.99	5 362.70	11.9
2000	162.24	6 171.17	15.1
2001	177.92	6 767.59	9.7
2002	203.85	7 753.90	14.6
2003	174.06	6 620.82	-14.6
2004	257.39	9 790.35	47.9
2005	292.96	11 143.38	13.8
2006	339.49	12 913.28	15.9
2007	419.19	15 944.81	23.5
2008	408.43	15 535.43	-2.6
2009	396.75	15 091.29	-2.9
2010	458.14	17 419.77	15.5
2011	484.64	18 434.33	5.8
2012	500.28	19 029.29	3.2
2013	516.64	19 651.40	3.3
2014	1 053.80	40 083.70	*
2015	1 136.50	43 229.40	7.8
2016	1 200.00	45 626.50	5.6
2017	1 234.17	46 944.47	2.9

注：*由于2014年国际旅游（外汇）收入统计口径有所调整，数据不能与往年简单对比。

NOTE：*DUE TO THE CHANGE OF STATISTICAL SCOPE IN 2014, IT IS NOT PROPER TO MAKE SIMPLE COMPARISON WITH THE FIGURES OF PREVIOUS YEARS.

3-2 2017年国际旅游（外汇）收入构成
BREAKDOWN OF INTERNATIONAL TOURISM RECEIPTS 2017

单 位：亿美元
UNIT：100Mn.US $

	入境旅游收入 TOURISM RECEIPTS	占总收入比重（%） P.C. TOTAL
总 计 TOTAL	**1 234.17**	**100.0**
一、长途交通 LONG-DISTANCE TRANSPORTATION	449.5	36.4
1.民航 AIR	304.9	24.7
2.铁路 RAIL	49.5	4.0
3.汽车 MOTOR	29.4	2.4
4.轮船 SEA	65.6	5.3
二、住宿 ACCOMMODATION	122.1	9.9
三、餐饮 FOOD & BEVERAGE	103.1	8.4
四、游览 SIGHTSEEING	65.0	5.3
五、娱乐 ENTERTAINMENT	74.2	6.0
六、商品销售 SHOPPING	229.9	18.6
七、市内交通 LOCAL TRANSPORTATION	39.2	3.2
八、邮电通信 COMMUNICATION	27.6	2.2
九、其他服务 OTHERS	123.6	10.0

说明：上述数据为在华（内地）停留时间在12个月以内的入境游客抽样调查数据
NOTE：THE ABOVE DATA ARE SAMPLE SURVEY DATA ON INBOUND VISITORS WHO STAY IN MAINLAND CHINA FOR LESS THAN 12 MONTHS

3-3 2017年各月国际旅游（外汇）收入

MONTHLY OF INTERNATIONAL TOURISM RECEIPTS 2017

单　位：亿美元
UNIT：100 MILLION. US $

月　份 MONTH	总　计 TOTAL	外国人 FOREIGNERS	香港同胞 HONG KONG COMPATRIOTS	澳门同胞 MACAO COMPATRIOTS	台湾同胞 TAIWAN COMPATRIOTS
全　年 WHOLE YEAR	**1 234.17**	**695.47**	**300.66**	**82.52**	**155.52**
一　月 JAN.	90.50	47.50	25.49	7.24	10.28
二　月 FEB.	89.30	49.77	20.31	6.01	13.20
三　月 MAR.	107.03	62.27	25.69	6.88	12.19
四　月 APR.	111.20	62.92	27.67	7.09	13.52
五　月 MAY	104.07	58.90	24.70	6.93	13.54
六　月 JUNE	100.82	56.78	23.99	6.56	13.48
七　月 JULY	100.93	55.31	24.38	6.96	14.29
八　月 AUG.	100.08	56.82	23.21	6.44	13.61
九　月 SEP.	103.96	59.09	25.92	7.04	11.91
十　月 OCT.	113.47	66.24	25.59	7.17	14.47
十一月 NOV.	105.40	60.69	25.44	6.22	13.05
十二月 DEC.	107.40	59.19	28.26	7.98	11.97

说明：上述数据为在华（内地）停留时间在12个月以内的入境游客抽样调查数据

NOTE：THE ABOVE DATA ARE SAMPLE SURVEY DATA ON INBOUND VISITORS WHO STAY IN MAINLAND CHINA FOR LESS THAN 12 MONTHS

3-4　2017年入境过夜游客人均天花费情况（按地区分）

THE AVERAGE DAILY PER CAPITA EXPENDITURE BY INTERNATIONAL TOURISTS 2017

地　区 LOCALITY	人均天花费（美元/人天）（US $ /DAILY PER CAPITA）	AVERAGE EXPENDITURE			
		外国人 FOREIGN-ERS	香港同胞 HONGKONG COMPATRIOTS	澳门同胞 MACAO COMPATRIOTS	台湾同胞 TAIWAN COMPATRIOTS
北　京 BEIJING	274.76	276.95	234.83	298.31	255.79
天　津 TIANJIN	230.08	239.21	195.38	194.34	202.57
河　北 HEBEI	178.47	176.14	199.03	196.38	166.33
山　西 SHANXI	195.60	198.55	193.57	186.72	176.24
内蒙古 INNER MONGOLIA	211.29	213.06	195.68	217.08	207.32
辽　宁 LIAONING	214.97	214.15	215.61	214.34	211.09
吉　林 JILIN	186.67	186.46	200.17	169.22	173.49
黑龙江 HEILONGJIANG	203.35	205.18	213.12	187.75	190.28
上　海 SHANGHAI	280.77	281.58	283.99	268.65	270.77
江　苏 JIANGSU	258.70	265.13	249.95	251.94	237.06
浙　江 ZHEJIANG	225.29	223.75	241.15	237.31	204.01
安　徽 ANHUI	203.91	205.95	175.61	184.00	187.63
福　建 FUJIAN	213.06	235.61	190.11	196.83	190.67

资料来源：2017年“入境游客花费情况抽样调查”

SOURCE：THE 2017 SAMPLING OF EXPENDITURES BY INTERNATIONAL VISITORS IN CHINA

说明：上述数据为在华（内地）停留时间在3个月以内的入境游客抽样调查数据

NOTE：THE ABOVE DATA ARE SAMPLE SURVEY DATA ON INBOUND VISITORS WHO STAY IN MAINLAND CHINA FOR LESS THAN 3 MONTHS

3-4（续1）

地 区 LOCALITY	人均天花费（美元/人天）（US $ /DAILY PER CAPITA）	AVERAGE EXPENDITURE			
		外国人 FOREIGN-ERS	香港同胞 HONGKONG COMPATRIOTS	澳门同胞 MACAO COMPATRIOTS	台湾同胞 TAIWAN COMPATRIOTS
江 西 JIANGXI	180.92	192.83	170.08	166.24	159.40
山 东 SHANDONG	229.37	235.94	220.02	194.80	210.99
河 南 HENAN	176.59	175.52	174.13	160.84	190.90
湖 北 HUBEI	209.34	226.67	163.96	200.47	208.95
湖 南 HUNAN	210.49	217.90	191.50	190.35	200.65
广 东 GUANGDONG	187.93	202.65	173.58	162.32	190.98
广 西 GUANGXI	202.86	207.80	189.57	190.83	196.08
海 南 HAINAN	202.28	201.12	200.11	213.47	211.18
重 庆 CHONGQING	209.28	218.72	188.93	184.41	216.29
四 川 SICHUAN	202.08	205.88	199.48	205.49	185.80
贵 州 GUIZHOU	203.11	210.63	184.05	171.90	172.39
云 南 YUNNAN	225.10	231.14	188.66	201.34	204.73
西 藏 TIBET	210.15	213.25	167.43	163.62	194.33
陕 西 SHAANXI	206.78	206.92	198.34	215.37	195.65
甘 肃 GANSU	173.39	184.71	159.86	164.20	151.14
青 海 QINGHAI	168.50	167.98	171.00	137.37	180.64
宁 夏 NINGXIA	186.69	190.17	135.89	153.00	148.00
新 疆 XINJIANG	187.74	188.74	173.67	178.54	165.97

3-5　2017 年人境过夜游客

BREAKDOWN OF THE AVERAGE DAILY PER CAPITA

地　区 LOCALITY	人均天花费（美元/人天） EXPENDITURE（US $ /DAILY PER CAPITA）	人均天消费构成（%）		
		长途交通 LONG-DISTANCE TRANSPORTATION	游　览 SIGHTSEEING	住　宿 ACCOMMO-DATION
北　　京 BEIJING	274.76	36.4	2.9	13.1
天　　津 TIANJIN	230.08	41.2	3.3	15.6
河　　北 HEBEI	178.47	30.4	6.2	14.6
山　　西 SHANXI	195.60	29.8	4.9	12.3
内 蒙 古 INNERMONGOLIA	211.29	26.5	3.4	11.6
辽　　宁 LIAONING	214.97	36.2	5.0	11.4
吉　　林 JILIN	186.67	36.8	4.9	11.8
黑 龙 江 HEILONGJIANG	203.35	35.1	4.4	12.5
上　　海 SHANGHAI	280.77	34.9	5.4	20.7
江　　苏 JIANGSU	258.70	29.9	3.6	17.9
浙　　江 ZHEJIANG	225.29	35.1	3.4	15.6
安　　徽 ANHUI	203.91	35.7	4.2	9.6
福　　建 FUJIAN	213.06	36.6	3.8	14.7
江　　西 JIANGXI	180.92	32.8	4.2	11.5
山　　东 SHANDONG	229.37	37.9	3.7	13.3

资料来源：2017年“人境游客花费情况抽样调查”

SOURCE：THE 2017 SAMPLING OF EXPENDITURES BY INTERNATIONAL VISITORS IN CHINA

人均天花费构成

EXPENDITURE BY INTERNATIONAL TOURISTS 2017

BREAKDOWN OF EXPENDITURE (%)					
餐 饮 FOOD & BEVERAGE	购 物 SHOPPING	娱 乐 ENTER-TAINMENT	邮电通信 COMMU-NICATION	市内交通 LOCAL TRANS-PORTATION	其他服务 OTHERS
6.4	20.8	3.9	2.3	2.3	11.9
8.2	13.1	4.0	1.3	1.9	11.4
9.8	16.8	5.2	3.8	2.4	10.9
6.9	20.5	4.2	4.4	2.6	14.3
7.5	27.9	7.9	2.5	2.1	10.5
8.7	18.4	4.3	2.1	2.3	11.6
5.7	21.8	5.2	1.9	2.7	9.3
6.4	22.3	3.3	2.3	2.4	11.2
7.9	15.6	5.7	1.6	3.3	5.1
8.0	17.7	6.1	2.6	2.2	12.0
8.5	19.1	4.3	2.1	2.4	9.6
6.1	21.5	4.7	2.4	2.1	13.7
9.4	17.0	4.9	1.8	1.9	9.8
8.1	29.0	3.3	1.8	2.1	7.2
7.1	17.3	4.3	2.7	1.9	11.7

说明：上述数据为在华（内地）停留时间在3个月以内的入境游客抽样调查数据

NOTE：THE ABOVE DATA ARE SAMPLE SURVEY DATA ON INBOUND VISITORS WHO STAY IN MAINLAND CHINA FOR LESS THAN 3 MONTHS

3-5（续 1）

地 区 LOCALITY	人均天花费（美元/人天） EXPENDITURE（US $ /DAILY PER CAPITA）	人均天消费构成（%）		
		长途交通 LONG-DISTANCE TRANSPORTATION	游 览 SIGHTSEEING	住 宿 ACCOMMO-DATION
河 南 HENAN	176.59	30.7	4.4	9.7
湖 北 HUBEI	209.34	34.7	3.3	8.6
湖 南 HUNAN	210.49	32.9	3.1	7.4
广 东 GUANGDONG	187.93	30.5	3.1	14.6
广 西 GUANGXI	202.86	32.2	4.6	11.3
海 南 HAINAN	202.28	38.7	4.1	13.7
重 庆 CHONGQING	209.28	32.5	3.9	15.2
四 川 SICHUAN	202.08	31.4	5.2	15.0
贵 州 GUIZHOU	203.11	27.5	6.3	8.6
云 南 YUNNAN	225.10	36.0	4.4	14.6
西 藏 TIBET	210.15	23.1	10.6	11.4
陕 西 SHAANXI	206.78	36.2	4.7	15.7
甘 肃 GANSU	173.39	34.9	7.8	16.2
青 海 QINGHAI	168.50	32.8	4.5	11.2
宁 夏 NINGXIA	186.69	31.0	6.6	14.8
新 疆 XINJIANG	187.74	38.3	2.5	9.8

BREAKDOWN OF EXPENDITURE (%)					
餐 饮 FOOD & BEVERAGE	购 物 SHOPPING	娱 乐 ENTER-TAINMENT	邮电通信 COMMU-NICATION	市内交通 LOCAL TRANS-PORTATION	其他服务 OTHERS
5.7	22.3	3.8	3.5	2.3	17.7
5.8	21.4	3.4	2.8	1.8	18.4
4.7	28.3	3.4	2.5	2.4	15.2
9.8	23.0	5.7	1.8	2.2	9.2
7.1	22.9	4.8	1.8	2.6	12.7
8.9	17.1	4.3	2.0	2.0	9.2
8.5	20.3	5.6	1.8	2.0	10.2
7.3	23.4	3.3	1.6	2.5	10.3
6.0	28.0	2.8	2.5	2.3	15.9
7.6	21.7	5.0	1.5	2.0	7.3
6.0	24.1	5.7	1.9	3.2	14.3
6.6	15.2	3.9	2.7	2.6	12.3
8.3	17.0	4.7	1.8	3.0	6.2
5.1	22.2	3.2	3.6	2.1	15.4
4.8	15.1	3.6	2.9	2.6	18.5
7.3	18.9	2.8	4.6	1.2	14.5

3-6　2017 年入境过夜游客
（按年龄、性别、
THE AVERAGE DAILY PER CAPITA
TOURISTS 2017（BY AGE, SEX,

		人均天花费 EXPENDITURE	外国人 FOREIGNERS
总平均	**AVERAGE TOTAL**	**225.74**	**257.39**
按年龄分	**AGE**		
14岁及以下	UNDER 14	239.56	266.76
15~24岁	15–24	189.30	212.57
25~44岁	25–44	231.01	253.32
45~64岁	45–64	220.81	240.26
65岁及以上	OVER 65	224.84	277.98
按性别分	**SEX**		
男　　性	MALE	222.06	255.58
女　　性	FEMALE	233.52	266.55
按职业分	**OCCOPATZON**		
政府工作人员	OFFICIAL	258.76	262.20
专业技术人员	PROFESSIONAL	213.32	241.01
职　　员	CLERK	234.60	270.52
技工/工人	TECHNICIAN/WORKER	209.48	225.70
商贸人员	BUSINESSMAN	212.28	227.71

资料来源：2017年“入境游客花费情况抽样调查”
SOURCE：THE 2017 SAMPLING OF EXPENDITURES BY INTERNATIONAL VISITORS IN CHINA

人均天花费情况
职业和目的分）
EXPENDITURE BY INTERNATIONAL OCCUPATION & PURPOSE）

单　位：美元/人天
UNIT：US$/DAILY PER CAPITA

香港同胞 HONG KONG COMPATRIOTS	澳门同胞 MACAO COMPATRIOTS	台湾同胞 TAIWAN COMPATRIOTS
145.77	**161.73**	**192.40**
130.89	96.79	109.16
127.27	148.97	177.98
154.60	152.77	205.55
160.37	153.70	202.85
146.62	151.93	201.66
139.24	151.32	171.23
139.84	157.86	207.38
173.47	231.81	204.47
147.97	150.15	183.97
135.22	159.84	214.56
187.70	164.38	194.02
165.85	168.76	183.90

说明：上述数据为在华（内地）停留时间在3个月以内的入境游客抽样调查数据
NOTE：THE ABOVE DATA ARE SAMPLE SURVEY DATA ON INBOUND VISITORS WHO STAY IN MAINLAND CHINA FOR LESS THAN 3 MONTHS

3-6（续 1）

		人均天花费 EXPENDITURE	外国人 FOREIGNERS
服务员/推销员	WAITER/SALESMAN	227.74	246.62
退休人员	RETIRED	236.63	316.39
家庭妇女	HOUSEWIFE	234.20	283.99
军　　人	ARMYMAN	215.07	259.51
学　　生	STUDENT	186.67	207.04
其　　他	OTHERS	249.04	283.60
按目的分	**PORPOSE**		
观光游览	SIGHTSEEING	247.28	275.23
休闲度假	LEISURE/HOLIDAY	212.43	247.11
探亲访友	VISITING RELATIVES & FRIENDS	162.17	203.62
商　　务	BUSINESS	223.43	223.76
会　　议	MEETING	237.34	269.71
宗教朝拜	RELIGION/PILGRIMAGE	234.04	282.82
文体科技交流	CULTURAL/SPORTS/SCIENTIFIC EXCHANGE PROGRAMME	201.31	241.97
购　　物	SHOPPING	219.21	243.52
医疗保健	HEALTH & MEDICAL CARE	247.16	277.72
其　　他	OTHERS	232.09	235.20

香港同胞 HONG KONG COMPATRIOTS	澳门同胞 MACAO COMPATRIOTS	台湾同胞 TAIWAN COMPATRIOTS
174.83	159.81	229.74
132.25	149.45	189.04
119.23	120.18	214.47
138.14	111.05	201.91
131.05	109.32	161.25
137.98	148.69	213.95
199.47	172.93	209.78
137.41	148.88	197.09
123.00	112.79	158.57
139.53	173.03	178.27
154.41	185.07	204.53
140.47	155.40	278.98
149.82	97.58	164.57
192.07	178.25	247.90
161.21	221.40	82.29
167.63	147.18	259.81

四、国内旅游基本情况

4. STATISTICS OF DOMESTIC TOURISM

4-1 2017年全国国内旅游基本情况

MAJOR STATISTICS OF DOMESTIC TOURISM 2017

	总人数（亿人次）DOMESTIC VISITORS（100 MILLION PERSON-TIMES）	出游率*（%）RATE（%）	总花费（亿元）DOMESTIC TOURISM EXPENDITURE（100 MILLION RMB ¥）	人均每次花费（元/人·次）PER CAPITA EXPENDITURE（RMB ¥/PERSON·TIMES）
全国总计 TOTAL	**50.01**	**361.6**	**45 660.77**	**913.0**
城镇居民 URBAN RESIDENTS	**36.77**	**463.7**	**37 673.03**	**1 024.6**
一季度 JAN.-MAR.	9.53	123.6	10 216.45	1 072.0
二季度 APR.-JUNE	8.04	104.3	6 898.16	858.0
三季度 JULY-SEP.	9.98	125.8	11 081.09	1 110.3
四季度 OCT.-DEC.	9.22	116.3	9 477.33	1 027.9
农村居民 RURAL RESIDENTS	**13.24**	**224.4**	**7 987.74**	**603.3**
一季度 JAN.-MAR.	5.22	86.6	3 198.56	612.8
二季度 APR.-JUNE	2.58	42.8	1 434.79	556.1
三季度 JULY-SEP.	2.72	46.1	1 584.32	582.5
四季度 OCT.-DEC.	2.72	46.1	1 770.07	650.8

注: * 出游率指城镇居民或农村居民出游人次数占其人口数的比重

NOTE: * RATE IS THE RATIO THAT THE TOTAL AMOUNT OF THE URBAN VISITORS OR THE RURAL VISITORS COMPARES TO THE URBAN RESIDENTS OR THE RURAL RESIDENTS

4-2 2017 年城镇居民国内

COMPOSITION OF DOMESTIC URBAN

		人次数构成 P.C.TOTAL	观光游览 SIGHTSEEING
调查总平均	**GROSS AVERAGE**	**100.0**	**29.4**
按性别分	**SEX**		
男　　性	MALE	100.0	28.5
女　　性	FEMALE	100.0	30.3
按年龄分	**AGE**		
14岁及以下	UNDER 14	100.0	40.6
15~24岁	15-24	100.0	29.4
25~34岁	25-34	100.0	25.8
35~44岁	35-44	100.0	26.9
45~64岁	45-64	100.0	30.3
65 岁及以上	OVER 65	100.0	43.8
按受教育程度分	**EDUCATION LEVEL**		
初中及以下	JUNIOR SCHOOL AND BELOW	100.0	35.8
高中（中专/职高/技校）	SENIOR SECONDARY SCHOOL（TECHNICAL SECONDARY SCHOOL / VOCATIONAL HIGH SCHOOL/ TECHNICAL SCHOOL）	100.0	34.1
大学本科、大专	UNDERGRADUATE & JUNIOR COLLEGE	100.0	27.6
研究生及以上	POSTGRADUATE AND ABOVE	100.0	21.7

游客人次数构成（按旅游目的分）

VISITORS BY PURPOSE 2017

单　位：%
UNIT：%

度假休闲 HOLIDAYS & LEISURE	商务出差 BUSINESS & PROFESSIONAL	探亲访友 VISITING RELATIVES & FRIENDS	文娱体育健身 ENTERTAINMENT, SPORTS & FITNESS	健康疗养 HEALTH & MEDICAL CARE	其　他 OTHERS
24.8	**11.9**	**29.8**	**2.1**	**1.1**	**0.9**
22.9	15.8	28.3	2.6	1.0	0.9
26.8	7.7	31.4	1.6	1.2	1.0
24.9	0.0	29.8	3.5	0.4	0.8
19.2	10.4	36.3	2.7	0.7	1.3
23.8	14.4	32.7	2.0	0.8	0.6
29.1	14.3	26.2	1.5	1.2	0.9
25.5	12.1	27.1	2.3	1.5	1.2
22.8	1.8	25.1	2.0	3.1	1.5
22.0	4.9	32.8	2.5	1.1	1.0
22.4	8.4	30.8	1.9	1.1	1.4
26.0	13.2	29.2	2.1	1.1	0.9
26.0	21.5	26.8	2.4	1.3	0.3

4-3 2017 年城镇居民国内

PER CAPITA EXPENDITURE ON DOMESTIC

		人均每次花费 PER CAPITA EXPENDITURE	观光游览 SIGHTSEEING
调查总平均	**GROSS AVERAGE**	**1 368.3**	**1 413.3**
按性别分	**SEX**		
男　性	MALE	1 434.5	1 428.4
女　性	FEMALE	1 297.2	1 398.1
按年龄分	**AGE**		
14岁及以下	UNDER 14	911.1	1 019.2
15~24岁	15-24	1 332.7	1 692.1
25~34岁	25-34	1 469.8	1 390.9
35~44岁	35-44	1 425.2	1 495.4
45~64岁	45-64	1 399.3	1 535.6
65 岁及以上	OVER 65	963.3	953.8
按受教育程度分	**EDUCATION LEVEL**		
初中及以下	JUNIOR SCHOOL AND BELOW	954.1	996.8
高中（中专/职高/技校）	SENIOR SECONDARY SCHOOL（TECHNICAL SECONDARY SCHOOL / VOCATIONAL HIGH SCHOOL / TECHNICAL SCHOOL）	1 179.8	1 309.7
大学本科、大专	UNDERGRADUATE & JUNIOR COLLEGE	1 450.2	1 556.1
研究生及以上	POSTGRADUATE AND ABOVE	1 855.6	1 580.1

游客人均每次花费（按旅游目的分）
URBAN VISITORS BY PURPOSE 2017

单　位：元/人·次
UNIT：RMB ¥/PERSON · TIME

度假休闲 HOLIDAYS & LEISURE	商务出差 BUSINESS & PROFESSIONAL	探亲访友 VISITING RELATIVES & FRIENDS	文娱体育健身 ENTERTAINMENT, SPORTS & FITNESS	健康疗养 HEALTH & MEDICAL CARE	其　他 OTHERS
1 385.6	**2 206.2**	**1 003.7**	**1 062.7**	**1 576.7**	**900.1**
1 306.8	2 331.5	1 084.3	1 196.8	1 291.6	1 015.2
1 457.9	1 930.9	925.7	836.2	1 831.9	783.3
1 077.1	—	673.0	685.8	321.1	412.8
1 615.4	1 221.0	945.3	1 191.8	1 470.5	952.7
1 595.4	2 291.4	1 076.3	1 640.8	1 649.9	757.6
1 318.7	2 328.7	965.6	598.3	2 572.7	1 661.3
1 260.8	2 357.6	1 034.7	871.1	1 299.1	619.4
956.7	1 898.8	1 005.1	351.7	847.7	572.1
1 029.5	1 711.7	776.3	646.9	546.4	1 107.6
1 176.2	1 571.5	952.4	1 111.3	749.9	1 162.2
1 473.4	2 229.1	1 039.7	731.1	1 761.7	712.3
1 620.7	2 797.8	1 307.1	3 857.8	3 435.4	1 268.5

4-4　2017年城镇居民国内游客人次数构成（按旅游方式分）
COMPOSITION OF DOMESTIC URBAN VISITORS BY ORGANIZED MODE 2017

单　位：%
UNIT：%

		人次数构成 P.C.TOTAL	旅行社组织 VIA TRAVEL AGENCIES	非旅行社组织 WITHOUT TRAVEL AGENCIES
调查总平均	**GROSS AVERAGE**	**100.0**	**5.2**	**94.8**
按性别分	**SEX**			
男　　性	MALE	100.0	3.8	96.2
女　　性	FEMALE	100.0	6.7	93.3
按年龄分	**AGE**			
14 岁及以下	UNDER 14	100.0	4.4	95.6
15~24岁	15–24	100.0	2.7	97.3
25~34岁	25–34	100.0	2.9	97.1
35~44岁	35–44	100.0	3.7	96.3
45~64岁	45–64	100.0	8.5	91.5
65 岁及以上	OVER 65	100.0	16.2	83.8
按受教育程度分	**EDUCATION LEVEL**			
初中及以下	JUNIOR SCHOOL AND BELOW	100.0	7.7	92.3
高中（中专/职高/技校）	SENIOR SECONDARY SCHOOL（TECHNICAL SECONDARY SCHOOL / VOCATIONAL HIGH SCHOOL / TECHNICAL SCHOOL）	100.0	7.7	92.3
大学本科、大专	UNDERGRADUATE & JUNIOR COLLEGE	100.0	4.2	95.8
研究生及以上	POSTGRADUATE AND ABOVE	100.0	2.7	97.3

4-5 2017年城镇居民国内游客人均每次花费（按旅游方式分）

PER CAPITA EXPENDITURE ON DOMESTIC URBAN VISITORS BY ORGANIZED MODE 2017

单 位：元/人·次

UNIT：RMB ¥/PERSON · TIME

		人均每次花费 PER CAPITA EXPENDITURE	旅行社组织 VIA TRAVEL AGENCIES	非旅行社组织 WITHOUT TRAVEL AGENCIES
调查总平均	**GROSS AVERAGE**	**1 368.3**	**2 472.6**	**1 307.8**
按性别分	**SEX**			
男　性	MALE	1 434.5	2 845.5	1 378.5
女　性	FEMALE	1 297.2	2 243.4	1 229.6
按年龄分	**AGE**			
14岁及以下	UNDER 14	911.1	2 718.8	827.7
15~24岁	15-24	1 332.7	2 371.5	1 303.4
25~34岁	25-34	1 469.8	3 173.6	1 419.6
35~44岁	35-44	1 425.2	2 795.5	1 373.2
45~64岁	45-64	1 399.3	2 579.4	1 290.2
65岁及以上	OVER 65	963.3	1 322.2	893.9
按受教育程度分	**EDUCATION LEVEL**			
初中及以下	JUNIOR SCHOOL AND BELOW	954.1	1 618.2	898.6
高中（中专/职高/技校）	SENIOR SECONDARY SCHOOL（TECHNICAL SECONDARY SCHOOL / VOCATIONAL HIGH SCHOOL / TECHNICAL SCHOOL）	1 179.8	2 084.4	1 103.9
大学本科、大专	UNDERGRADUATE & JUNIOR COLLEGE	1 450.2	2 993.1	1 381.9
研究生及以上	POSTGRADUATE AND ABOVE	1 855.6	2 899.8	1 826.7

4-6 2017 年农村居民国内

COMPOSITION OF DOMESTIC

		人次数构成 P.C.TOTAL	观光游览 SIGHTSEEING
调查总平均	**GROSS AVERAGE**	**100.0**	**22.8**
按性别分	**SEX**		
男　　性	MALE	100.0	22.3
女　　性	FEMALE	100.0	23.5
按年龄分	**AGE**		
14岁及以下	UNDER 14	100.0	29.8
15~24岁	15–24	100.0	28.0
25~34岁	25–34	100.0	23.4
35~44岁	35–44	100.0	21.4
45~64岁	45–64	100.0	20.2
65 岁及以上	OVER 65	100.0	21.3
按受教育程度分	**EDUCATION LEVEL**		
小学及以下	PRIMARY SCHOOL AND BELOW	100.0	21.1
初中	JUNIOR SECONDARY SCHOOL	100.0	20.3
高中（中专/职高/技校）	SENIOR SECONDARY SCHOOL（TECHNICAL SECONDARY SCHOOL / VOCATIONAL HIGH SCHOOL / TECHNICAL SCHOOL）	100.0	25.0
大专、大学本科及以上	JUNIOR COLLEGE & UNDERGRADUATE AND ABOVE	100.0	23.3

游客人次数构成（按旅游目的分）
RURAL VISITORS BY PURPOSE 2017

单 位：%
UNIT：%

度假休闲 HOLIDAYS & LEISURE	商务出差 BUSINESS & PROFESSIONAL	探亲访友 VISITING RELATIVES & FRIENDS	文娱体育健身 ENTERTAINMENT, SPORTS & FITNESS	健康疗养 HEALTH & MEDICAL CARE	其 他 OTHERS
14.5	**18.3**	**35.7**	**1.5**	**1.9**	**5.3**
13.3	22.9	33.0	1.7	1.9	5.0
16.3	11.1	40.0	1.1	2.0	5.9
22.8	—	41.2	2.0	0.2	4.0
19.3	15.0	29.8	2.4	0.8	4.6
15.9	19.8	34.0	1.4	1.4	4.1
15.0	22.8	33.7	1.6	1.9	3.6
9.5	19.9	40.2	1.1	2.3	6.9
12.4	6.0	38.2	0.9	6.9	14.2
15.7	9.3	41.7	1.2	2.1	8.9
12.5	17.3	38.2	1.3	2.7	7.6
14.2	20.0	33.6	1.3	1.9	3.9
15.4	20.8	33.5	1.7	1.5	3.7

4-7 2017年农村居民国内
PER CAPITA EXPENDITURE ON DOMESTIC

		人均每次花费 PER CAPITAL EXPENDITURE	观光游览 SIGHTSEEING
调查总平均	**GROSS AVERAGE**	**814.6**	**951.9**
按性别分	**SEX**		
男　　性	MALE	898.1	1006.7
女　　性	FEMALE	683.9	870.6
按年龄分	**AGE**		
14岁及以下	UNDER 14	412.0	489.3
15~24岁	15–24	980.7	1 180.4
25~34岁	25–34	894.6	960.7
35~44岁	35–44	833.2	903.7
45~64岁	45–64	679.6	937.1
65岁及以上	OVER 65	997.0	1 185.8
按受教育程度分	**EDUCATION LEVEL**		
小学及以下	PRIMARY SCHOOL AND BELOW	664.2	1 047.9
初中	JUNIOR SECONDARY SCHOOL	602.1	785.0
高中（中专/职高/技校）	SENIOR SECONDARY SCHOOL（TECHNICAL SECONDARY SCHOOL / VOCATIONAL HIGH SCHOOL / TECHNICAL SCHOOL）	832.9	1 009.8
大专、大学本科及以上	JUNIOR COLLEGE & UNDERGRADUATE AND ABOVE	985.2	968.8

游客人均每次花费（按旅游目的分）
RURAL VISITORS BY PURPOSE 2017

单　位：元/人・次
UNIT：RMB ¥/PERSON・TIME

度假休闲 HOLIDAYS & LEISURE	商务出差 BUSINESS & PROFESSIONAL	探亲访友 VISITING RELATIVES & FRIENDS	文娱体育健身 ENTERTAINMENT，SPORTS & FITNESS	健康疗养 HEALTH & MEDICAL CARE	其　他 OTHERS
961.8	**1 013.2**	**590.7**	**559.0**	**1 283.8**	**546.4**
1 125.7	1 077.8	664.1	582.6	1 291.6	621.8
751.7	805.7	495.9	503.9	1 831.9	446.9
523.5	—	325.7	165.4	5.0	235.5
1 148.2	937.6	751.3	818.9	453.4	869.0
976.7	1 004.6	754.7	566.2	1 232.6	824.1
874.8	1 254.0	491.4	499.1	1 534.9	558.8
814.5	744.4	516.3	624.1	933.2	426.2
2 017.9	2 056.3	542.0	57.0	1 844.3	245.0
608.5	1 203.6	408.2	324.3	2 174.6	180.7
729.2	653.7	432.2	417.3	1 242.0	448.5
828.9	910.8	670.9	791.2	1 139.0	570.5
1 285.8	1 233.3	726.7	560.6	1 010.7	965.2

4-8 2017年农村居民国内游客人次数构成（按旅游方式分）

COMPOSITION OF DOMESTIC RURAL VISITORS BY ORGANIZED MODE 2017

单 位：%
UNIT：%

		人次数构成 P.C.TOTAL	旅行社组织 VIA TRAVEL AGENCIES	非旅行社组织 WITHOUT TRAVEL AGENCIES
调查总平均	**GROSS AVERAGE**	**100.0**	**2.8**	**97.2**
按性别分	**SEX**			
男　性	MALE	100.0	2.4	97.6
女　性	FEMALE	100.0	3.5	96.5
按年龄分	**AGE**			
14岁及以下	UNDER 14	100.0	5.0	95.0
15~24岁	15-24	100.0	2.0	98.0
25~34岁	25-34	100.0	1.4	98.6
35~44岁	35-44	100.0	2.7	97.3
45~64岁	45-64	100.0	4.1	95.9
65岁及以上	OVER 65	100.0	5.3	94.7
按受教育程度分	**EDUCATION LEVEL**			
小学及以下	PRIMARY SCHOOL AND BELOW	100.0	4.2	95.8
初中	JUNIOR SECONDARY SCHOOL	100.0	3.5	96.5
高中（中专/职高/技校）	SENIOR SECONDARY SCHOOL（TECHNICAL SECONDARY SCHOOL / VOCATIONAL HIGH SCHOOL / TECHNICAL SCHOOL）	100.0	3.1	96.9
大专、大学本科及以上	JUNIOR COLLEGE, UNDERGRADUATE AND ABOVE	100.0	1.8	98.2

4-9 2017年农村居民国内游客人均每次花费（按旅游方式分）
PER CAPITA EXPENDITURE ON DOMESTIC RURAL VISITORS BY ORGANIZED MODE 2017

单 位：元/人 · 次
UNIT：RMB ¥/PERSON · TIME

		人均每次花费 PER CAPITA EXPENDITURE	旅行社组织 VIA TRAVEL AGENCIES	非旅行社组织 WITHOUT TRAVEL AGENCIES
调查总平均	**GROSS AVERAGE**	**814.6**	**1 703.6**	**788.7**
按性别分	**SEX**			
男　性	MALE	898.1	1 647.6	879.7
女　性	FEMALE	683.9	1 763.5	644.7
按年龄分	**AGE**			
14岁及以下	UNDER 14	412.0	633.4	400.5
15~24岁	15–24	980.7	1 558.5	968.8
25~34岁	25–34	894.6	2 033.5	879.0
35~44岁	35–44	833.2	2 193.0	795.9
45~64岁	45–64	679.6	1 706.3	636.0
65岁及以上	OVER 65	997.0	1 201.0	985.5
按受教育程度分	**EDUCATION LEVEL**			
小学及以下	PRIMARY SCHOOL AND BELOW	664.2	1 322.7	635.4
初中	JUNIOR SECONDARY SCHOOL	602.1	1 612.7	565.6
高中（中专/职高/技校）	SENIOR SECONDARY SCHOOL（TECHNICAL SECONDARY SCHOOL / VOCATIONAL HIGH SCHOOL / TECHNICAL SCHOOL）	832.9	1 943.5	797.7
大专、大学本科及以上	JUNIOR COLLEGE, UNDERGRADUATE AND ABOVE	985.2	1 846.7	969.5

五、地方接待入境过夜游客情况

5. DISTRIBUTION OF INTERNATIONAL TOURISTS TO LOCALITY

5-1 2016~2017年各地区接待的
INTERNATIONAL TOURISTS BY

地　区 LOCALITY	2016年总计 TOTAL 2016	
	人　数 （人次） ARRIVALS	人天数 （人 天） NIGHTS
北　京 BEIJING	4 165 332	17 910 928
天　津 TIANJIN	824 313	13 489 069
河　北 HEBEI	837 892	2 747 471
山　西 SHANXI	629 836	1 623 548
内蒙古 INNER MONGOLIA	1 779 121	5 279 582
辽　宁 LIAONING	2 736 658	7 689 055
吉　林 JILIN	1 619 530	3 943 478
黑龙江 HEILONGJIANG	957 038	2 095 360
上　海 SHANGHAI	6 904 270	22 166 242
江　苏 JIANGSU	3 297 735	12 338 457
浙　江 ZHEJIANG	5 255 941	13 321 312
安　徽 ANHUI	3 134 314	7 532 603
福　建 FUJIAN	6 114 814	29 497 993
江　西 JIANGXI	1 648 342	3 123 844
山　东 SHANDONG	3 288 237	11 078 710

说明：2017年数据为在华（内地）停留时间在3个月以内的入境游客抽样调查数据。

Note：THE DATA IN 2017 ARE SAMPLE SURVEY DATA ON INBOUND VISITORS WHO STAY IN MAINLAND CHINA FOR LESS THAN 3 MONTHS.

入境过夜游客情况
LOCALITY 2016—2017

	2017 年总计 TOTAL 2017		
平均停留（天） AVERAGE STAY	人　数 （人次） ARRIVALS	人天数 （人天） NIGHTS	平均停留（天） AVERAGE STAY
4.30	3 925 573	16 879 964	4.30
16.36	792 094	15 249 348	19.25
3.28	910 138	3 300 029	3.63
2.58	670 023	1 747 596	2.61
2.97	1 848 321	5 758 526	3.12
2.81	2 788 464	8 022 224	2.88
2.43	1 484 309	3 506 755	2.36
2.19	1 038 765	2 341 428	2.25
3.21	7 193 302	23 880 154	3.32
3.74	3 701 038	13 888 725	3.75
2.53	5 890 576	15 522 500	2.64
2.40	3 510 880	9 774 468	2.78
4.82	6 917 446	35 298 328	5.10
1.90	1 746 871	3 600 447	2.06
3.37	4 405 217	13 445 406	3.05

5-1（续1）

地　　区 LOCALITY	2016年总计 TOTAL 2016	
	人　数 （人次） ARRIVALS	人天数 （人天） NIGHTS
河　　南 HENAN	1 499 294	3 139 667
湖　　北 HUBEI	3 375 628	8 026 469
湖　　南 HUNAN	2 408 055	4 711 066
广　　东 GUANGDONG	35 072 100	90 705 100
广　　西 GUANGXI	4 825 160	9 956 952
海　　南 HAINAN	748 869	1 645 894
重　　庆 CHONGQING	1 808 862	9 586 969
四　　川 SICHUAN	3 087 918	5 664 873
贵　　州 GUIZHOU	722 883	1 335 028
云　　南 YUNNAN	6 003 752	11 715 852
西　　藏 TIBET	321 902	993 664
陕　　西 SHAANXI	3 382 047	12 650 305
甘　　肃 GANSU	71 479	106 255
青　　海 QINGHAI	70 082	247 713
宁　　夏 NINGXIA	51 177	199 590
新　　疆 XINJIANG	582 061	2 289 772

平均停留（天） AVERAGE STAY	2017 年总计 TOTAL 2017		
	人　数 （人次） ARRIVALS	人天数 （人天） NIGHTS	平均停留（天） AVERAGE STAY
2.09	1 558 942	3 076 829	1.97
2.38	3 681 433	9 267 815	2.52
1.96	3 222 819	6 257 834	1.94
2.59	36 545 200	92 068 600	2.52
2.06	5 124 381	11 112 871	2.17
2.20	1 119 467	3 242 622	2.90
5.30	2 248 499	10 455 520	4.65
1.83	3 361 727	6 267 385	1.86
1.85	324 014	690 224	2.13
1.95	6 676 902	13 482 187	2.02
3.09	343 500	977 409	2.85
3.74	3 837 439	13 162 144	3.43
1.49	78 828	121 806	1.55
3.53	70 247	228 294.6	3.25
3.90	65 292	242 308	3.71
3.93	774 093	3 612 728	4.67

5-2 2017年各地区接待的
BREAKDOWN OF INTERNATIONAL

地 区 LOCALITY	外国人 FOREIGNERS			香港 HONG
	人 数 （人次） ARRIVALS	人天数 （人天） NIGHTS	平均停留 （天） AVERAGE STAY	人 数 （人次） ARRIVALS
北 京 BEIJING	3 320 025	14 276 108	4.30	344 319
天 津 TIANJIN	685 332	12 530 773	18.28	53 573
河 北 HEBEI	704 018	2 755 352	3.91	83 582
山 西 SHANXI	434 686	1 163 936	2.68	100 717
内蒙古 INNER MONGOLIA	1 757 008	5 352 465	3.05	41 050
辽 宁 LIAONING	2 170 523	6 216 790	2.86	258 974
吉 林 JILIN	1 283 426	3 016 282	2.35	99 632
黑龙江 HEILONGJIANG	984 643	2 236 536	2.27	13 907
上 海 SHANGHAI	5 894 849	19 453 001	3.30	516 104
江 苏 JIANGSU	2 417 538	8 392 001	3.47	182 295
浙 江 ZHEJIANG	4 301 257	11 819 080	2.75	502 138
安 徽 ANHUI	2 052 810	5 733 998	2.79	448 716
福 建 FUJIAN	2 928 733	16 699 116	5.70	1 425 406
江 西 JIANGXI	570 542	1 193 421	2.09	540 601
山 东 SHANDONG	3 161 366	9 831 364	3.11	524 383

说明：2017年数据为在华（内地）停留时间在3个月以内的入境游客抽样调查数据。
Note：THE DATA IN 2017 ARE SAMPLE SURVEY DATA ON INBOUND VISITORS WHO STAY IN MAINLAND CHINA FOR LESS THAN 3 MONTHS.

入境过夜游客构成
TOURISTS BY LOCALITY 2017

同胞 KONG COMPATRIOTS		澳门同胞 MACAO COMPATRIOTS			台湾同胞 TAIWAN COMPATRIOTS		
人天数（人天）NIGHTS	平均停留（天）AVERAGE STAY	人数（人次）ARRIVALS	人天数（人天）NIGHTS	平均停留（天）AVERAGE STAY	人数（人次）ARRIVALS	人天数（人天）NIGHTS	平均停留（天）AVERAGE STAY
1 480 572	4.30	15 567	66 938	4.30	245 662	1 056 347	4.30
1 331 935	24.86	3 543	88 597	25.01	49 646	1 298 043	26.15
216 604	2.59	42 845	108 771	2.54	79 693	219 302	2.75
228 955	2.27	37 992	108 439	2.85	96 628	246 266	2.55
169 879	4.14	19 076	92 009	4.82	31 187	144 173	4.62
753 002	2.91	69 052	301 438	4.37	289 915	750 994	2.59
258 296	2.59	15 331	30 884	2.01	85 920	201 293	2.34
36 151	2.60	1 248	3 973	3.18	38 967	64 768	1.66
1 703 143	3.30	28 424	85 272	3.00	753 925	2 638 738	3.50
451 479	2.48	10 749	25 622	2.38	1 090 456	5 019 623	4.60
1 187 120	2.36	124 049	352 585	2.84	963 132	2 163 715	2.25
1 337 506	2.98	230 111	759 169	3.30	779 243	1 943 795	2.49
7 017 855	4.92	169 446	817 470	4.82	2 393 861	10 763 887	4.50
1 098 849	2.03	314 633	639 410	2.03	321 095	668 767	2.08
1 500 618	2.86	160 244	473 262	2.95	559 224	1 640 162	2.93

5-2（续1）

地区 LOCALITY	外国人 FOREIGNERS			香港 HONG
	人数（人次）ARRIVALS	人天数（人天）NIGHTS	平均停留（天）AVERAGE STAY	人数（人次）ARRIVALS
河南 HENAN	996 871	2 043 476	2.05	197 588
湖北 HUBEI	2 779 487	7 198 608	2.59	373 366
湖南 HUNAN	1 554 824	3 131 866	2.01	785 056
广东 GUANGDONG	8 648 300	25 073 500	2.90	22 241 500
广西 GUANGXI	2 553 804	5 608 680	2.20	1 081 130
海南 HAINAN	787 020	2 668 820	3.39	152 525
重庆 CHONGQING	1 362 113	6 333 825	4.65	250 747
四川 SICHUAN	2 412 945	4 587 877	1.90	439 525
贵州 GUIZHOU	134 867	291 313	2.16	149 649
云南 YUNNAN	5 075 186	10 264 655	2.02	704 982
西藏 TIBET	268 766	728 612	2.71	27 650
陕西 SHAANXI	2 620 559	9 997 433	3.82	438 592
甘肃 GANSU	42 175	66 949	1.59	12 459
青海 QINGHAI	56 953	193 640	3.40	5 966
宁夏 NINGXIA	33 227	102 872	3.10	5 473
新疆 XINJIANG	671 536	3 131 396	4.66	20 406

同胞 KONG COMPATRIOTS		澳门同胞 MACAO COMPATRIOTS			台湾同胞 TAIWAN COMPATRIOTS		
人天数（人天）NIGHTS	平均停留（天）AVERAGE STAY	人数（人次）ARRIVALS	人天数（人天）NIGHTS	平均停留（天）AVERAGE STAY	人数（人次）ARRIVALS	人天数（人天）NIGHTS	平均停留（天）AVERAGE STAY
373 039	1.89	97 084	201 235	2.07	267 399	459 079	1.72
897 779	2.40	54 468	87 820	1.61	474 112	1 083 608	2.29
1 470 626	1.87	287 390	520 793	1.81	595 549	1 134 549	1.91
52 564 600	2.36	2 817 900	7 322 700	2.60	2 837 500	7 107 800	2.50
2 256 746	2.09	382 587	788 556	2.06	1 106 860	2 458 889	2.22
268 729	1.76	13 174	25 393	1.93	166 748	279 680	1.68
1 165 974	4.65	28 268	131 446	4.65	607 371	2 824 275	4.65
819 706	1.86	78 732	130 337	1.66	430 525	729 465	1.69
315 759	2.11	14 338	33 838	2.36	25 160	49 314	1.96
1 437 867	2.04	231 003	494 367	2.14	665 731	1 285 298	1.93
90 400	3.27	11 531	34 508	2.99	35 553	123 889	3.48
1 192 970	2.72	260 210	676 546	2.60	518 078	1 295 195	2.50
18 121	1.45	2 250	3 644	1.62	21 944	33 092	1.51
15 512	2.60	3 214	8 035	2.50	4 114	11 108	2.70
16 713	3.05	684	2 066	3.02	25 908	120 657	4.66
97 056	4.76	6 817	31 160	4.57	75 334	353 116	4.69

5-3 2017年各地区接待的
FOREIGN TOURISTS BY

地　区 LOCALITY	合　计 TOTAL	日本 JAPAN	韩国 KOREA	马来西亚 MALA-YSIA	菲律宾 PHILIP-PINES	新加坡 SINGA-PORE
北　京 BEIJING	3 320 025	242 139	235 365	89 663	23 512	111 522
天　津 TIANJIN	685 332	200 478	171 313	13 232	2 480	19 731
河　北 HEBEI	704 018	79 836	60 623	33 341	14 285	33 440
山　西 SHANXI	434 686	20 014	131 928	16 893	1 137	18 395
内蒙古 INNER MONGOLIA	1 757 008	4 589	6 875	5 924	448	4 180
辽　宁 LIAONING	2 170 523	572 741	847 224	23 561	12 822	47 308
吉　林 JILIN	1 283 426	66 102	652 684	6 927	5 015	22 221
黑龙江 HEILONGJIANG	984 643	28 427	82 424	6 149	731	6 531
上　海 SHANGHAI	5 894 849	893 835	606 649	179 590	292 125	179 899
江　苏 JIANGSU	2 417 538	461 922	403 309	98 742	26 394	72 914
浙　江 ZHEJIANG	4 301 257	406 668	473 168	189 064	36 238	109 561
安　徽 ANHUI	2 052 810	126 314	628 268	87 704	19 082	98 346
福　建 FUJIAN	2 928 733	429 246	185 965	442 061	130 415	301 589
江　西 JIANGXI	570 542	46 708	45 548	20 955	13 317	30 132
山　东 SHANDONG	3 161 366	366 969	1 414 180	61 385	30 928	98 097

外国过夜游客人数（按国籍分）
LOCALITY & NATIONALITY 2017

单　位：人次

UNIT：PERSON

泰国 THAI-LAND	美国 U.S.A.	加拿大 CANADA	英国 UNITED KINGDOM	法国 FRANCE	德国 GERMANY	俄罗斯 RUSSIA	澳大利亚 AUSTRA-LIA
62 588	672 800	153 018	164 714	122 645	193 730	93 076	144 324
2 239	58 427	9 544	15 094	9 875	27 120	1 822	16 413
18 102	32 351	14 716	29 308	22 644	23 667	52 761	17 750
6 824	31 123	9 027	9 830	31 731	12 439	6 411	13 064
1 065	5 954	1 508	1 420	1 996	2 080	779 006	1 578
11 742	63 375	22 223	24 941	17 273	53 632	239 821	34 569
3 336	25 792	11 999	16 045	15 410	89 886	296 462	17 581
2 679	6 454	1 789	1 669	1 811	2 258	824 367	2 738
91 921	737 452	194 201	192 787	171 550	261 391	103 081	194 611
29 216	249 059	83 217	60 294	50 003	108 208	15 926	77 192
62 122	412 727	96 096	106 904	75 526	158 658	56 988	88 931
44 158	184 872	55 873	73 207	71 416	71 798	44 865	43 710
46 757	315 287	73 972	69 883	46 779	69 094	41 359	81 087
24 217	49 174	21 547	40208	29643	24664	14579	17815
25 179	204 556	52 443	82 364	60 378	79 391	110 491	60 693

5-3（续 1）

地　区 LOCALITY	合　计 TOTAL	日本 JAPAN	韩国 KOREA	马来西亚 MALA-YSIA	菲律宾 PHILIP-PINES	新加坡 SINGA-PORE
河　南 HENAN	996 871	70 594	247 890	54 772	14 518	38 726
湖　北 HUBEI	2 779 487	560 118	185 292	116 346	9 991	90 622
湖　南 HUNAN	1 554 824	98 157	279 710	109 238	17 879	60 354
广　东 GUANGDONG	8 648 300	930 494	593 965	423 726	79 280	338 729
广　西 GUANGXI	2 553 804	65 388	vt	277 124	50 447	149 314
海　南 HAINAN	787 020	10 607	94 030	69 295	1 812	37 971
重　庆 CHONGQING	1 362 113	12 336	27 428	66 414	6 127	80 789
四　川 SICHUAN	2 412 945	212 309	143 042	161 174	18 500	151 848
贵　州 GUIZHOU	134 867	4 606	47 369	11 348	908	6 183
云　南 YUNNAN	5 075 186	113 069	320 905	228 525	23 556	280 228
西　藏 TIBET	268 766	14 171	9 893	9 993	1 619	11 598
陕　西 SHAANXI	2 620 559	152 810	310 739	124 345	8 439	73 644
甘　肃 GANSU	42 175	11 825	1 349	5 383	183	3 694
青　海 QINGHAI	56 953	8 855	2 494	2 669	159	3 509
宁　夏 NINGXIA	33 227	2 336	1 640	1 779	240	2 646
新　疆 XINJIANG	671 536	13 179	6 806	6 320	694	3 142

泰国 THAI-LAND	美国 U.S.A.	加拿大 CANADA	英国 UNITED KINGDOM	法国 FRANCE	德国 GERMANY	俄罗斯 RUSSIA	澳大利亚 AUSTRA-LIA
29 108	66 321	53 874	38 643	51 809	42 195	37 095	17 119
29 651	428 844	184 577	185 461	213 055	149 574	19 015	115 600
79 140	80 316	42 574	48 552	39 850	37 609	45 426	39 749
229 957	804 065	177 620	180 888	164 160	158 395	113 856	196 580
100 714	135 248	74 386	80 695	75 047	57 084	20 667	48 771
15 782	29 869	10856	7 522	6 692	9 740	291 618	8 913
110 689	143 327	107 184	36 382	29 586	58 442	12 760	41 437
81 349	379 749	97 016	231 585	101 341	132 291	23 226	118 680
4 222	13 255	3 653	2 142	5 351	1 756	1 440	2 717
593 343	221 534	76 757	157 638	157 620	125 202	43 095	92 718
7 423	30 724	9 734	12 088	10 064	14 559	5 626	9 578
47 353	401 495	129 360	153 952	117 944	130 488	36 082	152 027
2 120	3 346	924	873	1 937	2 480	313	1 082
164	7 741	1 542	1 779	1 467	1 242	808	1 312
368	3 270	687	633	666	1 137	704	868
1 597	16 654	5 165	9 825	13 264	10 647	143 675	7 392

5-4 2016~2017年主要城市接待
INTERNATIONAL TOURISTS TO

城市名称 NAME OF CITY	2016年总计 TOTAL 2016	
	人 数（人次）ARRIVALS	人天数（人天）NIGHTS
北 京 BEIJING	4 165 332	17 910 928
天 津 TIANJIN	824 313	13 489 069
石家庄 SHIJIAZHUANG	105 529	278 387
秦皇岛 QINHUANGDAO	145 700	1 053 943
承 德 CHENGDE	232 923	558 088
太 原 TAIYUAN	153 644	410 073
大 同 DATONG	69 658	183 250
呼和浩特 HOHHOT	138 611	690 156
沈 阳 SHENYANG	680 884	2 172 829
大 连 DALIAN	1 044 100	2 197 105
长 春 CHANGCHUN	452 100	1 536 476
吉 林 JILIN	113 215	234 675
延 边 YANBIAN	715 000	1 483 637
哈尔滨 HARBIN	217 552	484 276
上 海 SHANGHAI	6 904 270	22 166 242
南 京 NANJING	637 846	2 235 865
无 锡 WUXI	439 185	1 356 195
苏 州 SUZHOU	1 612 849	6 761 311
南 通 NANTONG	180 156	508 600
连云港 LIANYUNGANG	22 624	74 828

入境过夜游客情况
MAJOR CITIES 2016—2017

	2017年总计 TOTAL 2017		
平均停留（天）AVERAGE STAY	人　数（人次）ARRIVALS	人天数（人天）NIGHTS	平均停留（天）AVERAGE STAY
4.30	3 925 573	16 879 964	4.30
16.36	792 094	15 249 348	19.25
2.64	106 095	328 483	3.10
7.23	153 307	971 755	6.34
2.40	252 729	917 456	3.63
2.67	160 615	454 467	2.83
2.63	73 784	192 303	2.61
4.98	139 561	697 805	5.00
3.19	693 821	1 503 969	2.17
2.10	1 063 938	2 186 708	2.06
3.40	464 875	1 384 988	2.98
2.07	123 756	250 432	2.02
2.08	592 592	1 244 443	2.10
2.23	238 834	596 569	2.50
3.21	7 193 302	23 880 154	3.32
3.51	745 117	2 666 578	3.58
3.09	495 425	1 515 178	3.06
4.19	1 756 298	7 370 692	4.20
2.82	185 745	531 294	2.86
3.31	26 140	87 120	3.33

5-4（续1）

城市名称 NAME OF CITY	2016年总计 TOTAL 2016	
	人　数（人次）ARRIVALS	人天数（人天）NIGHTS
杭　　州 HANGZHOU	1 580 900	4 109 614
宁　　波 NINGBO	829 045	1 808 890
温　　州 WENZHOU	531 212	1 240 411
合　　肥 HEFEI	256 550	754 809
黄　　山 HUANGSHAN	1 510 632	2 816 593
福　　州 FUZHOU	1 066 910	6 238 612
厦　　门 XIAMEN	2 313 099	11 521 793
泉　　州 QUANZHOU	1 250 778	6 329 467
漳　　州 ZHANGZHOU	554 700	2 156 127
南　　昌 NANCHANG	227 707	461 470
九　　江 JIUJIANG	276 189	584 355
济　　南 JINAN	253 182	798 856
青　　岛 QINGDAO	928 297	3 391 506
烟　　台 YANTAI	408 522	1 691 416
威　　海 WEIHAI	330 243	992 581
郑　　州 ZHENGZHOU	415 717	1 031 307
洛　　阳 LUOYANG	332 341	599 431
武　　汉 WUHAN	2 249 435	6 288 600
长　　沙 CHANGSHA	580 560	887 304
广　　州 GUANGZHOU	8 618 800	26 806 000

	2017年总计 TOTAL 2017		
平均停留（天）AVERAGE STAY	人　数（人次）ARRIVALS	人天数（人天）NIGHTS	平均停留（天）AVERAGE STAY
2.60	2 040 369	5 413 028	2.65
2.18	890 726	1 930 778	2.17
2.34	585 735	1 365 281	2.33
2.94	245 175	741 107	3.02
1.86	1 639 368	3 063 875	1.87
5.85	1 290 575	7 660 294	5.94
4.98	2 517 280	13 298 321	5.28
5.06	1 383 202	7 155 779	5.17
3.89	610 788	2 683 530	4.39
2.03	265 009	563 250	2.13
2.12	302 034	667 680	2.21
3.16	375 469	878 632	2.34
3.65	1 216 971	3 843 173	3.16
4.14	619 339	2 265 188	3.66
3.01	414 427	1 216 778	2.94
2.48	434 972	1 076 215	2.47
1.80	459 070	657 946	1.43
2.80	2 503 062	7 421 124	2.96
1.53	1 292 000	2 487 692	1.93
3.11	9 004 800	26 211 700	2.91

5-4（续2）

城市名称 NAME OF CITY	2016年总计 TOTAL 2016	
	人　数（人次）ARRIVALS	人天数（人天）NIGHTS
深　　圳 SHENZHEN	11 711 700	27 548 200
珠　　海 ZHUHAI	3 172 300	5 683 700
汕　　头 SHANTOU	243 900	498 700
湛　　江 ZHANJIANG	370 500	301 000
中　　山 ZHONGSHAN	621 600	1 654 400
南　　宁 NANNING	555 424	1 107 106
桂　　林 GUILIN	2 333 247	5 224 701
北　　海 BEIHAI	135 536	262 607
海　　口 HAIKOU	136 478	235 625
三　　亚 SANYA	448 857	1 171 410
重　　庆 CHONGQING	1 808 862	9 586 969
成　　都 CHENGDU	2 681 705	5 179 094
贵　　阳 GUIYANG	183 685	367 370
昆　　明 KUNMING	1 234 688	2 063 747
拉　　萨 LHASA	199 810	600 201
西　　安 XI’AN	1 340 612	3 914 368
兰　　州 LANZHOU	21 829	32 377
西　　宁 XINING	35 083	171 892
银　　川 YINCHUAN	35 688	139 183
乌鲁木齐 URUMQI	317 718	1 096 276

平均停留（天）AVERAGE STAY	2017年总计 TOTAL 2017		
	人 数（人次）ARRIVALS	人天数（人天）NIGHTS	平均停留（天）AVERAGE STAY
2.35	12 070 100	26 141 600	2.17
1.79	3 182 500	6 028 900	1.89
2.04	291 000	614 600	2.11
0.81	372 100	724 000	1.95
2.66	661 100	1 965 700	2.97
1.99	591 288	1 279 327	2.16
2.24	2 489 026	5 775 579	2.32
1.94	145 410	263 135	1.81
1.73	181 887	311 255	1.71
2.61	692 798	2 529 697	3.65
5.30	2 248 499	10 455 520	4.65
1.93	3 013 364	5 854 164	1.94
2.00	119 509	257 759	2.16
1.67	1 340 690	2 276 119	1.70
3.00	213 313	650 604	3.05
2.92	1 751 286	5 108 734	2.92
1.48	22 200	36 356	1.64
4.90	37 706	152 564	4.05
3.90	45 839	163 956	3.58
3.45	401 213	1 424 306	3.55

5-5　2017 年主要城市接待

BREAKDOWN OF INTERNATIONAL

城市名称 NAME OF CITY	外国人 FOREIGNERS			香港 HONG
	人　数（人次）ARRIVALS	人天数（人天）NIGHTS	平均停留（天）AVERAGE STAY	人　数（人次）ARRIVALS
北　京 BEIJING	3 320 025	14 276 108	4.30	344 319
天　津 TIANJIN	685 332	12 530 773	18.28	53 573
石家庄 SHIJIAZHUANG	90 568	281 600	3.11	9 522
秦皇岛 QINHUANGDAO	140 976	907 797	6.44	5 805
承　德 CHENGDE	216 096	842 401	3.90	13 925
太　原 TAIYUAN	113 442	346 781	3.06	26 340
大　同 DATONG	58 157	150 867	2.59	6 817
呼和浩特 HOHHOT	97 869	482 473	4.93	17 011
沈　阳 SHENYANG	537 581	1 213 907	2.26	62 304
大　连 DALIAN	903 726	1 877 957	2.08	76 290
长　春 CHANGCHUN	360 617	1 097 212	3.04	51 400
吉　林 JILIN	76 038	150 555	1.98	24 539
延　边 YANBIAN	584 018	1 225 123	2.10	3 486
哈尔滨 HARBIN	146 767	343 100	2.34	29 134
上　海 SHANGHAI	5 894 849	19 453 001	3.30	516 104
南　京 NANJING	538 352	1 977 546	3.67	57 854
无　锡 WUXI	368 042	1 137 853	3.09	36 466
苏　州 SUZHOU	974 467	3 523 594	3.62	59 982
南　通 NANTONG	152 124	432 660	2.84	7 756
连云港 LIANYUNGANG	21 541	69 756	3.24	675

入境过夜游客构成
TOURISTS TO MAJOR CITIES 2017

同胞 KONG COMPATRIOTS		澳门同胞 MACAO COMPATRIOTS			台湾同胞 TAIWAN COMPATRIOTS		
人天数（人天）NIGHTS	平均停留（天）AVERAGE STAY	人数（人次）ARRIVALS	人天数（人天）NIGHTS	平均停留（天）AVERAGE STAY	人数（人次）ARRIVALS	人天数（人天）NIGHTS	平均停留（天）AVERAGE STAY
1 480 572	4.30	15 567	66 938	4.30	245 662	1 056 347	4.30
1 331 935	24.86	3 543	88 597	25.01	49 646	1 298 043	26.15
27 879	2.93	311	782	2.51	5 694	18 222	3.20
28 273	4.87	224	1 339	5.98	6 302	34 346	5.45
27 806	2.00	7 330	11 217	1.53	15 378	36 032	2.34
60 965	2.31	3 108	7 314	2.35	17 725	39 407	2.22
18 351	2.69	1 934	4 803	2.48	6 876	18 282	2.66
86 784	5.10	6 070	31 957	5.26	18 611	96 591	5.19
127 899	2.05	4 297	8 820	2.05	89 639	153 343	1.71
153 594	2.01	2 322	5 653	2.43	81 600	149 504	1.83
150 425	2.93	1 846	5 324	2.88	51 012	132 027	2.59
51 532	2.10	3 315	6 631	2.00	19 864	41 714	2.10
8 018	2.30	1 336	2 672	2.00	3 752	8 630	2.30
85 640	2.94	21 568	43 150	2.00	41 365	124 679	3.01
1 703 143	3.30	28 424	85 272	3.00	753 925	2 638 738	3.50
139 083	2.40	4 219	10 144	2.40	144 692	539 805	3.73
87 526	2.40	1 492	3 217	2.16	89 425	286 582	3.20
165 114	2.75	3 021	8 158	2.70	718 828	3 673 826	5.11
17 213	2.22	340	721	2.12	25 525	80 700	3.16
1 406	2.08	21	43	2.05	3 903	15 915	4.08

5-5（续1）

城市名称 NAME OF CITY	外国人 FOREIGNERS			香港 HONG
	人 数（人次）ARRIVALS	人天数（人天）NIGHTS	平均停留（天）AVERAGE STAY	人 数（人次）ARRIVALS
杭　州 HANGZHOU	1 489 721	4 016 411	2.70	193 840
宁　波 NINGBO	703 180	1 548 262	2.20	80 137
温　州 WENZHOU	364 515	801 069	2.20	78 909
合　肥 HEFEI	181 366	562 546	3.10	26 934
黄　山 HUANGSHAN	1 004 878	1 836 028	1.83	136 599
福　州 FUZHOU	811 405	5 110 145	6.30	145 113
厦　门 XIAMEN	1 255 929	7 036 207	5.60	307 623
泉　州 QUANZHOU	363 689	2 160 777	5.94	655 728
漳　州 ZHANGZHOU	157 232	866 358	5.51	155 631
南　昌 NANCHANG	116 267	244 590	2.10	56 207
九　江 JIUJIANG	120 756	265 663	2.20	72 122
济　南 JINAN	232 260	514 197	2.21	72 660
青　岛 QINGDAO	907 925	2 906 513	3.20	140 718
烟　台 YANTAI	490 216	1 841 864	3.76	37 798
威　海 WEIHAI	379 670	1 123 300	2.96	4 287
郑　州 ZHENGZHOU	316 513	797 532	2.52	56 342
洛　阳 LUOYANG	305 698	486 328	1.59	47 409
武　汉 WUHAN	2 036 463	6 054 485	2.97	234 789
长　沙 CHANGSHA	713 834	1 425 095	2.00	260 062
广　州 GUANGZHOU	3 457 400	11 541 300	3.34	4 371 700

同胞 KONG COMPATRIOTS		澳门同胞 MACAO COMPATRIOTS			台湾同胞 TAIWAN COMPATRIOTS		
人天数 （人天） NIGHTS	平均停留 （天） AVERAGE STAY	人 数 （人次） ARRIVALS	人天数 （人天） NIGHTS	平均停留 （天） AVERAGE STAY	人 数 （人次） ARRIVALS	人天数 （人天） NIGHTS	平均停留 （天） AVERAGE STAY
516 838	2.67	21 467	48 935	2.28	335 341	830 844	2.48
165 322	2.06	19 128	42 647	2.23	88 280	174 547	1.98
176 397	2.24	47 483	188 300	3.97	94 828	199 515	2.10
82 016	3.05	11 405	27 060	2.37	25 470	69 485	2.73
252 650	1.85	8 416	16 192	1.92	489 475	959 005	1.96
928 288	6.40	14 775	84 367	5.71	319 282	1 537 494	4.82
1 531 980	4.98	16 343	79 906	4.89	937 385	4 650 228	4.96
3 316 118	5.06	70 489	332 037	4.71	293 296	1 346 847	4.59
668 298	4.29	19 877	86 519	4.35	278 048	1 062 355	3.82
122 262	2.18	31 887	65 368	2.05	60 648	131 030	2.16
162 274	2.25	37 718	75 436	2.00	71 438	164 307	2.30
173 017	2.38	1 710	3 974	2.32	68 839	187 444	2.72
402 866	2.86	37 923	131 587	3.47	130 405	402 207	3.08
135 921	3.60	19 582	62 739	3.20	71 743	224 664	3.13
11 117	2.59	1 100	2 819	2.56	29 370	79 542	2.71
133 213	2.36	31 145	72 893	2.34	30 972	72 577	2.34
53 765	1.13	4 955	6 784	1.37	101 008	111 069	1.10
679 095	2.89	784	1 117	1.42	231 026	686 427	2.97
471 659	1.81	68 432	117 751	1.72	249 672	473 187	1.90
11 357 600	2.60	544 100	1 518 400	2.79	631 600	1 794 400	2.84

5-5（续2）

城市名称 NAME OF CITY	外国人 FOREIGNERS			香港 HONG
	人 数（人次）ARRIVALS	人天数（人天）NIGHTS	平均停留（天）AVERAGE STAY	人 数（人次）ARRIVALS
深　　圳 SHENZHEN	1 775 600	3 518 500	1.98	9 822 800
珠　　海 ZHUHAI	510 700	1 060 500	2.08	1 155 600
汕　　头 SHANTOU	169 600	432 600	2.55	107 200
湛　　江 ZHANJIANG	207 300	435 100	2.10	133 500
中　　山 ZHONGSHAN	127 000	454 300	3.58	389 200
南　　宁 NANNING	407 692	897 141	2.20	67 269
桂　　林 GUILIN	1 329 359	3 086 351	2.32	442 110
北　　海 BEIHAI	76 008	138 418	1.82	44 568
海　　口 HAIKOU	97 703	182 957	1.87	27 004
三　　亚 SANYA	539 383	2 198 432	4.08	78 803
重　　庆 CHONGQING	1 362 113	6 333 825	4.65	250 747
成　　都 CHENGDU	2 258 882	4 399 352	1.95	383 781
贵　　阳 GUIYANG	71 818	158 000	2.20	35 868
昆　　明 KUNMING	1 024 970	1 776 418	1.73	113 656
拉　　萨 LHASA	140 788	429 403	3.05	15 358
西　　安 XI'AN	1 494 989	4 366 622	2.92	106 926
兰　　州 LANZHOU	11 633	20 068	1.73	4 832
西　　宁 XINING	34 320	140 712	4.10	2 015
银　　川 YINCHUAN	27 110	83 934	3.10	3 993
乌鲁木齐 URUMQI	360 153	1 302 850	3.62	11 266

同胞 KONG COMPATRIOTS		澳门同胞 MACAO COMPATRIOTS			台湾同胞 TAIWAN COMPATRIOTS		
人天数（人天）NIGHTS	平均停留（天）AVERAGE STAY	人数（人次）ARRIVALS	人天数（人天）NIGHTS	平均停留（天）AVERAGE STAY	人数（人次）ARRIVALS	人天数（人天）NIGHTS	平均停留（天）AVERAGE STAY
21 644 500	2.20	59 200	136 000	2.30	412 500	842 600	2.04
1 910 100	1.65	887 100	1 950 600	2.20	629 100	1 107 700	1.76
156 500	1.46	2 000	3 200	1.60	12 200	22 400	1.84
221 300	1.66	10 100	21 100	2.09	21 300	46 400	2.18
1 113 200	2.86	85 500	195 500	2.29	59 400	202 800	3.41
139 330	2.07	45 329	94 849	2.09	70 998	148 007	2.08
1 009 124	2.28	58 508	124 213	2.12	659 049	1 555 891	2.36
79 257	1.78	9 091	17 812	1.96	15 743	27 648	1.76
42 378	1.57	2 398	3 550	1.48	54 782	82 370	1.50
170 309	2.16	7 869	17 763	2.26	66 743	143 193	2.15
1 165 974	4.65	28 268	131 446	4.65	607 371	2 824 275	4.65
756 093	1.97	42 896	90 444	2.11	327 805	608 275	1.86
75 323	2.10	3 952	8 694	2.20	7 871	15 742	2.00
177 700	1.56	4 416	7 802	1.77	197 648	314 199	1.59
46 841	3.05	18 771	57 253	3.05	38 396	117 107	3.05
305 933	2.86	10 956	33 833	3.09	138 415	402 346	2.91
7 281	1.51	222	224	1.01	5 513	8 783	1.59
6 851	3.40	522	1 775	3.40	849	3 226	3.80
12 194	3.05	488	1 474	3.02	14 248	66 355	4.66
31 227	2.77	2 419	6 109	2.53	27 375	84 120	3.07

5-6 2017年主要城市接待的
FOREIGN TOURISTS BY MAJOR

城市名称 NAME OF CITY	合 计 TOTAL	#日本 JAPAN	#韩国 KOREA	#马来西亚 MALA-YSIA	#菲律宾 PHILIP-PINES	#新加坡 SINGA-PORE
北　京 BEIJING	3 320 025	242 139	235 365	89 663	23 512	111 522
天　津 TIANJIN	685 332	200 478	171 313	13 232	2 480	19 731
石家庄 SHIJIAZHUANG	90 568	13 265	4 414	503	233	525
秦皇岛 QINHUANGDAO	140 976	16 741	16 154	2 843	2 361	3 861
承　德 CHENGDE	216 096	16 871	13 251	23 259	5 337	19 349
太　原 TAIYUAN	113 442	5 300	31 693	3 904	294	4 469
大　同 DATONG	58 157	2 125	14 428	1 742	129	1 952
呼和浩特 HOHHOT	97 869	1 335	1 792	2 185	205	1 380
沈　阳 SHENYANG	537 581	134 502	364 292	946	124	2 607
大　连 DALIAN	903 726	335 792	239 695	15 860	5 532	21 550
长　春 CHANGCHUN	360 617	53 361	60 874	5 021	3 251	15 251
吉　林 JILIN	76 038	7 592	11 391	468	601	2 289
延　边 YANBIAN	584 018	1 900	399 871	36	47	21
哈尔滨 HARBIN	146 767	21 510	17 516	3 981	1 036	6 463
上　海 SHANGHAI	5 894 849	893 835	606 649	179 590	292 125	179 899
南　京 NANJING	538 352	36 740	90 406	16 466	4 030	15 652
无　锡 WUXI	368 042	106 266	58 541	21 225	4 101	11 065
苏　州 SUZHOU	974 467	209 365	16 952	48 084	7 681	33 658
南　通 NANTONG	152 124	56 646	13 233	2 918	2 336	4 889
连云港 LIANYUNGANG	21 541	2 684	3 610	399	2 072	422

外国过夜游客人数（按国籍分）
CITIES & NATIONALITY 2017

单 位：人次
UNIT：ARRIVALS

#泰国 THAI-LAND	#美国 U.S.A.	#加拿大 CANADA	#英国 UNITED KINGDOM	#法国 FRANCE	#德国 GERMANY	#俄罗斯 RUSSIA	#澳大利亚 AUSTRALIA
62 588	672 800	153 018	164 714	122 645	193 730	93 076	144 324
2 239	58 427	9 544	15 094	9 875	27 120	1 822	16 413
386	9 436	889	1 177	919	1 399	1 222	1 506
2 245	4 140	1 851	4 399	4 099	5 789	30 345	2 834
7 814	10 721	6 406	14 340	11 199	9 178	8 353	7 408
1 677	7 425	2 184	2 390	7 928	3 052	1 018	2 419
727	3 259	953	1 066	5 609	1 909	450	503
308	1 950	472	460	625	532	29 694	395
2 963	2 146	596	1 199	832	19 650	864	645
4 154	44 225	13 231	11 030	9 154	24 675	80 612	13 181
2 012	8 621	7 410	13 365	13 214	79 541	54 320	4 752
440	7 831	1 977	726	869	7 168	26 793	6 652
3	816	134	13	11	21	180 938	35
1 766	9 668	1 885	1 461	3 064	3 781	21 270	3 898
91 921	737 452	194 201	192 787	171 550	261 391	103 081	194 611
10 904	68 628	22 578	16 042	10 466	25 643	4 828	20 726
4 434	35 467	14 060	6 576	4 900	12 833	1 082	11 251
8 224	104 808	34 771	26 538	25 982	48 528	3 362	33 627
1 384	9 592	2 358	3 065	1 833	4 476	1 053	2 991
153	1 187	379	268	449	663	1 410	378

5-6（续1）

城市名称 NAME OF CITY	合　计 TOTAL	#日本 JAPAN	#韩国 KOREA	#马来西亚 MALA-YSIA	#菲律宾 PHILIP-PINES	#新加坡 SINGA-PORE
杭　州 HANGZHOU	1 489 721	83 809	170 975	60 351	6 961	60 386
宁　波 NINGBO	703 180	63 492	82 535	11 022	6 514	15 116
温　州 WENZHOU	364 515	5 158	9 439	5 046	2 337	3 249
合　肥 HEFEI	181 366	30 925	28 484	4 287	2 350	8 712
黄　山 HUANGSHAN	1 004 878	23 078	470 773	53 711	3 111	37 120
福　州 FUZHOU	811 405	210 375	45 215	54 187	6 324	45 017
厦　门 XIAMEN	1 255 929	62 762	92 969	252 797	92 733	174 910
泉　州 QUANZHOU	363 689	66 702	15 650	63 335	5 615	36 431
漳　州 ZHANGZHOU	157 232	26 430	12 646	15 810	4 857	12 585
南　昌 NANCHANG	116 267	6 249	3 761	2 555	2 277	3 524
九　江 JIUJIANG	120 756	10 633	10 831	4 700	1 973	5 485
济　南 JINAN	232 260	22 000	34 761	12 142	2 622	16 588
青　岛 QINGDAO	907 925	148 714	367 390	20 285	6 968	17 048
烟　台 YANTAI	490 216	57 968	313 209	4 129	4 761	9 963
威　海 WEIHAI	379 670	18 656	310 644	609	714	923
郑　州 ZHENGZHOU	316 513	41 041	34 962	11 147	4 572	14 694
洛　阳 LUOYANG	305 698	52 214	146 826	79 589	3 301	24 898
武　汉 WUHAN	2 036 463	545 654	168 175	85 416	4 910	72 526
长　沙 CHANGSHA	713 834	45 499	71 455	39 488	3 585	21 393
广　州 GUANGZHOU	3 457 401	205 755	173 906	127 502	32 067	81 833

#泰国 THAI-LAND	#美国 U.S.A.	#加拿大 CANADA	#英国 UNITED KINGDOM	#法国 FRANCE	#德国 GERMANY	#俄罗斯 RUSSIA	#澳大利亚 AUSTRALIA
28 840	221 781	48 461	38 714	27 555	44 254	12 880	44 448
7 255	63 049	15 317	26 388	13 438	54 264	7 668	14 822
3 160	13 163	3 133	5 111	8 086	7 275	4 837	2 434
3 562	23 450	4 609	4 850	5 075	7 884	7 160	5 618
13 319	77 084	21 950	14 521	25 209	20 739	4 591	20 558
5 931	88 042	23 516	19 862	7 703	18 703	7 006	36 278
16 460	140 428	27 602	32 659	28 606	35 890	28 368	27 315
12 385	26 561	11 979	8 447	4 128	3 963	2 680	9 540
2 773	16 432	4 246	3 600	2 917	4 521	1 866	3 786
9 156	12 691	1 453	5 086	4 951	4 689	3 330	1 776
1 231	10 942	7 564	8 871	7 699	6 862	3 450	7 520
4 062	24 846	6 457	10 940	7 542	16 546	5 727	10 119
5 739	65 472	11 003	22 977	13 377	19 480	24 831	15 722
1 497	13 245	6 355	9 018	7 984	9 605	6 455	4 664
328	2 058	486	1 531	727	1 350	31 747	662
15 707	40 028	49 455	28 882	13 173	9 627	20 773	4 560
26 072	57 967	15 259	14 533	93 871	77 641	36 523	19 814
13 578	265 016	89 414	90 604	139 907	96 798	11 077	60 870
34 932	28 939	16 458	14 570	12 475	12 529	14 039	12 523
63 678	234 903	48 969	63 800	67 894	56 837	55 532	65 480

5-6（续2）

城市名称 NAME OF CITY	合计 TOTAL	#日本 JAPAN	#韩国 KOREA	#马来西亚 MALA-YSIA	#菲律宾 PHILIP-PINES	#新加坡 SINGA-PORE
深　圳 SHENZHEN	1 775 600	272 360	225 018	85 345	14 576	89 383
珠　海 ZHUHAI	510 728	102 795	21 476	60 699	12 801	52 000
汕　头 SHANTOU	169 629	11 097	3 448	10 829	1 809	13 167
湛　江 ZHANJIANG	207 217	3 928	3 100	5 529	5 860	5 412
中　山 ZHONGSHAN	127 000	15 926	8 235	10 145	1 599	5 249
南　宁 NANNING	407 692	13 283	28 574	33 896	30 182	34 148
桂　林 GUILIN	1 329 359	35 699	261 609	203 397	7 724	90 425
北　海 BEIHAI	76 008	4 927	1 360	2 396	1 794	2 762
海　口 HAIKOU	97 703	2 254	12 105	16 095	283	11 871
三　亚 SANYA	539 383	6 571	60 461	20 298	930	12 207
重　庆 CHONGQING	1 362 113	125 336	273 428	66 414	6 127	80 789
成　都 CHENGDU	2 258 882	190 361	126 690	149 869	16 749	139 331
贵　阳 GUIYANG	71 818	3 107	4 132	1 610	277	1 304
昆　明 KUNMING	1 024 970	10 442	151 885	104 267	1 606	83 518
拉　萨 LHASA	140 788	6 815	5 421	7 150	390	3 835
西　安 XI'AN	1 494 989	67 226	117 232	46 191	2 393	25 678
兰　州 LANZHOU	11 633	2 589	178	2 527	96	752
西　宁 XINING	34 320	7 789	1 467	2 403	150	3 285
银　川 YINCHUAN	27 110	2 011	1 360	1 372	194	1 722
乌鲁木齐 URUMQI	360 153	7 589	4 611	5 102	633	1 785

#泰国 THAI-LAND	#美国 U.S.A.	#加拿大 CANADA	#英国 UNITED KINGDOM	#法国 FRANCE	#德国 GERMANY	#俄罗斯 RUSSIA	#澳大利亚 AUSTRALIA
36 439	311 866	41 221	55 415	43 618	46 856	21 550	41 596
51 658	33 841	13 888	7 984	6 599	8 789	4 169	12 035
21 574	17 864	2 928	4 220	3 193	1 991	1 501	4 038
9 671	5 788	4 877	3 680	3 329	1 237	4 612	4 891
5 526	17 500	3 756	3400	1 800	3 100	1 800	4 800
34 587	6 801	6 008	6 449	6 760	5 877	5 927	4 759
44 793	107 114	56 298	56 883	54 084	37 377	5 419	35 610
2 552	6 440	3 064	2 993	2 558	2 689	661	1 780
7 051	8 660	2 509	1 357	928	1 082	3 143	2 240
5 063	15 176	6 381	4 947	4 847	7 544	253 700	4 628
110 689	143 327	107 184	36 382	29 586	58 442	12 760	41 437
73 045	363 773	92 134	220 113	91 385	127 171	21 430	113 918
627	4 425	1 218	1 861	1 295	714	575	1 147
151 521	39 364	11 585	10 720	23 605	15 813	2 194	15 817
2 919	11 004	4 851	3 201	4 023	5 122	2 221	4 545
13 836	152 220	44 727	55 071	42 658	44 535	11 473	55 007
657	482	150	115	632	368	125	285
47	6 592	931	1 218	994	695	460	1 027
311	2 562	611	548	507	1 018	392	730
1 162	12 663	3 009	7 101	10 567	8 528	13 798	5 497

六、星级饭店基本情况

6. STATISTICS OF STAR-RATED HOTELS

6-1 2017年全国星级饭店
BREAKDOWN OF STAR-RATED HOTELS BY

饭店类型和星级	ECONOMIC TYPE & STAR-RATED	饭店数（家）NO. OF HOTELS	客房数（间/套）NO. OF ROOMS	床位数（张）NO. OF BEDS
一、饭店经济类型	ECONOMIC TYPE			
合计	**TOTAL**	**9 566**	**1 470 606**	**2 505 595**
内资企业	**DOMESTIC FUNDED**			
国有企业	STATE-OWNED ENTERPRISES	2 237	359 865	636 339
集体企业	COLLECTIVE-OWNED ENTERPRISES	300	39 928	70 096
股份合作企业	COOPERATIVE ENTERPRISES	249	34 097	61 138
国有联营	STATE JOINT OWNERSHIP ENTERPRISES	15	2 822	5 130
集体联营	COLLECTIVE JOINT OWNERSHIP ENTERPRISES	12	1 241	2 109
国有与集体联营	JOINT STATE-COLLECTIVE ENTERPRISES	7	721	1 436
其他联营	OTHER JOINT OWNERSHIP ENTERPRISES	24	3 235	5 634
国有独资公司	STATE SOLE FUNDED CORPORATIONS	303	56 483	90 383
其他有限责任公司	OTHER LIMITED LIABILITY CORPORATIONS	783	160 266	261 515
股份有限公司	SHARE-HOLDING CORPORATIONS LIMITED	646	102 799	179 754
私营独资	PRIVATE ENTERPRISES	1 772	183 747	326 054
私营合伙	PRIVATE-FUNDED ENTERPRISES	281	31 529	54 805
私营有限责任公司	PRIVATE PARTNERSHIP ENTERPRISES	2 004	292 475	495 548
私营股份有限公司	PRIVATE SHARE-HOLDING CORPORATIONS LTD.	220	32 073	55 403
其他	OTHER ENTERPRISES	338	63 839	96 658

基本情况（按经济类型、规模和星级分）
ECONOMIC TYPE,CAPACITY,STAR-RATED & FINANCE 2017

客房出租率（%） ROOM OCCUPANCY （%）	营业收入 （千元） TOTAL REVENUE （1000 RMB ¥）	税金及附加 （千元） TAX （1000 RMB ¥）	固定资产原价 （千元） FIXED ASSETS （1000 RMB ¥）
54.80	**208 392 508.48**	**4 730 440.17**	**516 109 913.36**
54.57	53 945 745.94	1 325 432.30	151 879 294.33
52.05	4 480 307.89	71 747.07	11 217 703.46
52.88	3 584 571.90	68 981.94	8 654 158.17
51.41	158 817.76	6 414.99	733 932.93
56.22	83 315.67	1 207.81	200 597.98
50.17	93 311.61	844.75	97 279.20
55.69	421 830.11	2 460.97	473 795.06
60.18	10 453 886.31	176 688.77	22 780 371.36
55.07	23 645 647.36	391 446.27	59 385 180.01
56.09	14 478 562.38	306 849.47	36 206 061.69
50.69	16 680 294.56	785 022.53	33 913 058.85
52.66	2 771 454.55	55 740.10	5 858 003.53
52.55	31 856 797.06	616 955.80	72 121 189.07
55.85	3 336 912.68	62 905.57	7 198 736.96
63.55	14 208 323.12	113 942.73	30 515 164.38

6-1（续1）

饭店类型和星级	ECONOMIC TYPE & STAR-RATED	饭店数（家）NO. OF HOTELS	客房数（间/套）NO. OF ROOMS	床位数（张）NO. OF BEDS
港澳台商投资	**ENTERPRISES WITH FUNDS FROM HONG KONG, MACAO AND TAIWAN**			
与港澳台商合资经营	JOINT-VENTURES ENTERPRISES	79	23 798	37 528
与港澳台商合作经营	COOPERATIVE ENTERPRISES	23	7 011	11 704
港澳台商独资	ENTERPRISE WITH SOLE INVESTMENT	80	21 726	32 451
港澳台商投资股份有限公司	SHARE-HOLDING CORPORATIONS LTD.	15	4 122	6 139
外商投资	**FOREIGN FUNDED ENTERPRISES**			
中外合资经营	JOINT-VENTURE ENTERPRISES	81	21 907	35 172
中外合作经营	COOPERATION ENTERPRISES	22	7 226	10 833
外资企业	ENTERPRISE WITH SOLE FUNDS	54	15 444	23 673
外商投资股份有限公司	SHARE-HOLDING CORPORATIONS LTD.	21	4 252	6 093
二、饭店星级	STAR-RATED HOTEL			
合计	**TOTAL**	**9 566**	**1 470 606**	**2 505 595**
五星级	5-STAR	816	286 413	437 812
四星级	4-STAR	2 412	503 684	819 880
三星级	3-STAR	4 614	552 674	1 006 641
二星级	2-STAR	1 660	124 794	235 826
一星级	1-STAR	64	3 041	5 436

客房出租率（%） ROOM OCCUPANCY（%）	营业收入（千元） TOTAL REVENUE（1000 RMB ¥）	税金及附加（千元） TAX（1000 RMB ¥）	固定资产原价（千元） FIXED ASSETS（1000 RMB ¥）
62.30	6 963 569.66	168 287.11	17 380 797.86
62.88	1 887 279.09	33 100.88	4 290 331.79
63.05	6 260 187.77	239 905.07	15 997 814.20
57.73	969 564.53	13 049.87	3 469 373.40
60.15	5 648 924.16	183 110.39	15 316 814.23
62.04	2 088 474.14	23 828.52	3 336 111.35
56.05	3 172 947.29	56 480.55	11 524 196.14
63.57	1 201 782.93	26 036.73	3 559 947.41
54.80	**208 392 508.48**	**4 730 440.17**	**516 109 913.36**
61.43	81 270 897.42	1 695 897.92	202 776 004.09
56.63	71 490 530.38	1 291 729.87	192 944 864.69
51.30	47 642 587.81	1 481 256.37	101 893 500.23
47.08	7 875 313.17	228 534.06	18 341 348.45
52.62	113 179.71	33 021.95	154 195.90

6-2　2017年全国星级饭店

BREAKDOWN OF STAR-RATED HOTELS, ROOMS,

地　区 LOCALITY	饭店数（家）NUMBER OF HOTELS	客房数（间/套）NUMBER OF ROOMS	床位数（张）NUMBER OF BEDS
总　计 TOTAL	**9 566**	**1 470 606**	**2 505 595**
北　京 BEIJING	496	164 458	292 010
天　津 TIANJIN	80	16 076	24 437
河　北 HEBEI	338	51 264	91 614
山　西 SHANXI	203	25 920	46 650
内蒙古 INNER MONGOLIA	242	27 578	51 472
辽　宁 LIAONING	336	51 832	85 891
吉　林 JILIN	115	13 041	22 837
黑龙江 HEILONGJIANG	187	20 716	39 190
上　海 SHANGHAI	223	58 658	87 266
江　苏 JIANGSU	514	78 845	122 699
浙　江 ZHEJIANG	585	98 358	157 746
安　徽 ANHUI	294	42 890	73 172
福　建 FUJIAN	306	52 354	81 902
江　西 JIANGXI	281	38 784	65 925
山　东 SHANDONG	586	82 112	146 757

基本情况（按地区分）
OCCUPANCIES & FINANCE BY LOCALITY 2017

客房出租率（%）ROOM OCCU-PANCY（%）	营业收入（千元）TOTAL REVENUE（1000 RMB ¥）	税金及附加（千元）TAX（1000 RMB ¥）	固定资产原价（千元）FIXED ASSETS（1000 RMB ¥）
54.80	**208 392 508.48**	**4 730 440.17**	**516 109 913.36**
52.97	26 930 479.08	687 802.00	69 242 153.00
55.06	2 438 855.26	23 843.53	12 563 966.98
45.08	5 302 315.93	97 279.10	15 684 929.31
49.01	2 444 346.87	50 315.70	9 324 727.17
46.10	2 572 125.65	48 677.73	10 676 357.01
48.70	5 080 436.61	125 346.84	16 349 159.61
50.54	1 444 636.18	27 660.44	5 381 319.12
42.03	1 605 044.17	116 381.75	5 929 229.78
68.98	21 265 233.59	404 196.37	32 615 054.42
59.79	16 340 013.00	265 089.40	35 600 268.60
57.73	18 656 862.85	259 253.12	42 922 525.33
53.50	5 116 422.14	98 900.93	13 415 202.11
58.44	8 600 215.48	147 849.94	14 831 308.16
51.62	3 301 608.33	92 981.33	7 244 175.69
54.94	11 477 670.76	161 315.69	29 837 078.55

6-2（续1）

地　区 LOCALITY	饭店数（家）NUMBER OF HOTELS	客房数（间/套）NUMBER OF ROOMS	床位数（张）NUMBER OF BEDS
河　南 HENAN	389	52 649	92 709
湖　北 HUBEI	364	48 596	79 753
湖　南 HUNAN	366	49 627	83 534
广　东 GUANGDONG	658	116 114	184 126
广　西 GUANGXI	370	48 446	86 600
海　南 HAINAN	120	25 564	43 447
重　庆 CHONGQING	188	27 711	46 949
四　川 SICHUAN	323	47 161	77 521
贵　州 GUIZHOU	232	26 659	45 423
云　南 YUNNAN	518	55 368	101 660
西　藏 TIBET	70	8 375	15 032
陕　西 SHAANXI	300	42 286	75 130
甘　肃 GANSU	304	33 196	63 789
青　海 QINGHAI	162	14 792	26 672
宁　夏 NINGXIA	94	10 464	18 481
新　疆 XINJIANG	322	40 712	75 201

客房出租率（%）ROOM OCCU-PANCY（%）	营业收入（千元）TOTAL REVENUE（1000 RMB ¥）	税金及附加（千元）TAX（1000 RMB ¥）	固定资产原价（千元）FIXED ASSETS（1000 RMB ¥）
52.87	5 766 200.07	218 712.25	13 277 240.51
57.80	5 213 425.35	104 325.30	12 527 571.59
62.13	6 036 379.70	504 639.71	15 223 632.62
58.13	21 083 419.45	295 904.51	43 112 497.00
54.02	3 775 640.55	68 560.31	8 979 080.55
63.19	4 541 711.89	80 601.98	12 057 863.05
54.38	3 734 781.61	82 471.73	9 007 671.94
57.89	6 196 001.00	116 423.36	17 483 348.43
58.58	2 616 243.28	47 584.68	5 274 650.65
54.09	3 918 876.61	202 682.53	17 004 159.13
42.79	1 058 612.51	61 245.61	4 729 297.81
55.05	4 752 264.60	91 595.29	13 649 595.47
44.65	2 348 402.83	150 971.95	6 847 903.95
40.05	819 853.01	12 395.21	2 319 621.31
47.63	822 477.77	19 993.14	2 499 564.09
46.86	3 131 952.36	65 438.74	10 498 760.42

6-3 2017年全国各地区
NUMBER OF STAR-RATED HOTELS

地 区 LOCALITY	内资企业				
	国有企业 STATE-OWNED ENTER-PRISES	集体企业 COLLEC-TIVE-OWNED ENTER-PRISES	股份合作企业 COOPE-RATIVE ENTER-PRISES	国有联营 STATE JOINT OWNERSHIP ENTER-PRISES	集体联营 COLLECTIVE JOINT OWNERSHIP ENTER-PRISES
总 计 TOTAL	**2 237**	**300**	**249**	**15**	**12**
北 京 BEIJING	145	31	16	0	0
天 津 TIANJIN	1	0	0	0	0
河 北 HEBEI	103	11	9	0	0
山 西 SHANXI	71	6	7	0	0
内蒙古 INNER MONGOLIA	59	5	5	1	0
辽 宁 LIAONING	86	11	5	1	0
吉 林 JILIN	43	9	2	0	2
黑龙江 HEILONGJIANG	60	4	7	0	0
上 海 SHANGHAI	77	9	2	0	0
江 苏 JIANGSU	93	13	8	0	0
浙 江 ZHEJIANG	87	26	21	1	1
安 徽 ANHUI	75	10	9	0	0
福 建 FUJIAN	67	8	4	0	0
江 西 JIANGXI	73	2	6	0	0
山 东 SHANDONG	174	32	23	0	3

星级饭店数（按经济类型分）
BY ECONOMIC TYPE 2017

单　位：家
UNIT：NUMBER

DOMESTIC FUNDED						
国有与集体联营 JOINT STATE-COLLECTIVE ENTERPRISES	其他联营 OTHER JOINT OWNERSHIP ENTERPRISES	国有独资公司 STATE SOLE FUNDED CORPORATIONS	其他有限责任公司 OTHER LIMITED LIABILITY CORPORATIONS	股份有限公司 SHARE-HOLDING CORPORATIONS LIMITED	私营独资 PRIVATE ENTERPRISES	私营合伙 PRIVATE-FUNDED ENTERPRISES
7	**24**	**303**	**783**	**646**	**1 772**	**281**
0	1	24	162	6	4	2
0	0	1	0	3	0	0
1	0	0	31	17	56	3
0	0	2	12	21	24	2
0	2	1	11	17	60	3
1	1	2	22	27	78	3
0	1	0	2	5	18	0
0	0	0	10	15	49	3
1	0	15	21	14	0	0
0	0	205	0	38	120	0
1	5	2	44	65	56	48
0	0	0	17	23	50	5
0	0	1	16	18	29	24
0	0	1	14	22	42	14
1	7	2	41	62	79	4

6-3（续1）

地　区 LOCALITY	内资企业				
	国有企业 STATE-OWNED ENTER-PRISES	集体企业 COLLEC-TIVE-OWNED ENTER-PRISES	股份合作企业 COOPE-RATIVE ENTER-PRISES	国有联营 STATE JOINT OWNERSHIP ENTER-PRISES	集体联营 COLLECTIVE JOINT OWNERSHIP ENTER-PRISES
河　南 HENAN	112	21	12	1	0
湖　北 HUBEI	96	10	10	2	0
湖　南 HUNAN	74	3	22	1	0
广　东 GUANGDONG	78	12	7	2	2
广　西 GUANGXI	59	5	5	1	0
海　南 HAINAN	29	0	4	0	1
重　庆 CHONGQING	49	5	6	0	0
四　川 SICHUAN	69	11	4	1	0
贵　州 GUIZHOU	43	0	7	1	0
云　南 YUNNAN	94	20	9	0	1
西　藏 TIBET	15	4	0	0	1
陕　西 SHAANXI	94	7	21	0	1
甘　肃 GANSU	81	12	3	0	0
青　海 QINGHAI	20	5	3	0	0
宁　夏 NINGXIA	7	1	8	1	0
新　疆 XINJIANG	103	7	4	2	0

DOMESTIC FUNDED						
国有与集体联营 JOINT STATE-COLLECTIVE ENTERPRISES	其他联营 OTHER JOINT OWNERSHIP ENTERPRISES	国有独资公司 STATE SOLE FUNDED CORPORATIONS	其他有限责任公司 OTHER LIMITED LIABILITY CORPORATIONS	股份有限公司 SHARE-HOLDING CORPORATIONS LIMITED	私营独资 PRIVATE ENTERPRISES	私营合伙 PRIVATE-FUNDED ENTERPRISES
0	0	1	37	39	55	8
0	0	3	27	20	63	27
0	0	0	11	41	95	20
0	1	20	94	14	70	9
0	1	1	20	30	115	25
0	0	1	21	5	14	1
0	0	0	11	6	31	10
0	0	4	55	24	59	7
0	0	3	10	16	75	7
0	3	2	17	27	236	13
0	1	0	2	3	22	3
0	0	5	25	16	33	13
2	1	1	24	19	70	2
0	0	0	3	10	60	9
0	0	3	8	6	19	5
0	0	3	15	17	90	11

6-3（续2）

地　区 LOCALITY	私营有限责任公司 PRIVATE PARTNERSHIP ENTERPRISES	私营股份有限公司 SHARE-HOLDING CORPORATIONS LTD.	其他 OTHER ENTERPRISES	港澳台商投资 与港澳台商合资经营 JOINT-VENTURES ENTERPRISES	与港澳台商合作经营 COOPERATIVE ENTERPRISES
总　计 TOTAL	**2 004**	**220**	**338**	**79**	**23**
北　京 BEIJING	60	1	0	23	2
天　津 TIANJIN	0	0	74	0	0
河　北 HEBEI	90	10	0	3	0
山　西 SHANXI	49	8	0	1	0
内蒙古 INNER MONGOLIA	72	3	0	0	0
辽　宁 LIAONING	63	8	0	5	2
吉　林 JILIN	22	2	7	1	0
黑龙江 HEILONGJIANG	35	2	0	1	0
上　海 SHANGHAI	26	5	42	0	0
江　苏 JIANGSU	0	0	9	5	0
浙　江 ZHEJIANG	192	10	0	1	0
安　徽 ANHUI	84	13	0	1	0
福　建 FUJIAN	90	11	0	5	0
江　西 JIANGXI	85	12	0	1	0
山　东 SHANDONG	132	8	0	5	0

ENTERPRISES WITH FUNDS FROM HONG KONG, MACAO AND TAIWAN		外商投资 FOREIGN FUNDED ENTERPRISES			
港澳台商独资 ENTERPRISE WITH SOLE INVESTMENT	港澳台商投资股份有限公司 SHARE-HOLDING CORPORATIONS LTD.	中外合资经营 JOINT-VENTURE ENTERPRISES	中外合作经营 COOPERATION ENTERPRISES	外资企业 ENTERPRISE WITH SOLE FUNDS	外商投资股份有限公司 SHARE-HOLDING CORPORATIONS LTD.
80	**15**	**81**	**22**	**54**	**21**
1	0	13	1	3	1
0	0	0	0	1	0
0	1	2	0	0	1
0	0	0	0	0	0
2	0	0	0	0	1
3	0	10	1	5	2
0	0	0	0	1	0
0	0	0	0	1	0
7	0	0	4	0	0
8	0	7	2	4	2
5	7	6	0	4	3
3	0	2	0	2	0
12	0	9	4	7	1
2	2	2	0	1	2
4	0	6	0	0	3

6-3（续3）

地 区 LOCALITY				港澳台商投资	
	私营有限责任公司 PRIVATE PARTNERSHIP ENTERPRISES	私营股份有限公司 SHARE-HOLDING CORPORATIONS LTD.	其他 OTHER ENTERPRISES	与港澳台商合资经营 JOINT-VENTURES ENTERPRISES	与港澳台商合作经营 COOPERATIVE ENTERPRISES
河　南 HENAN	80	10	6	2	1
湖　北 HUBEI	75	12	4	0	2
湖　南 HUNAN	68	24	0	2	0
广　东 GUANGDONG	112	10	180	5	13
广　西 GUANGXI	88	12	1	2	0
海　南 HAINAN	22	5	1	6	2
重　庆 CHONGQING	58	6	0	2	0
四　川 SICHUAN	62	10	6	2	0
贵　州 GUIZHOU	62	4	0	1	0
云　南 YUNNAN	76	7	1	5	0
西　藏 TIBET	16	1	0	0	0
陕　西 SHAANXI	61	8	6	0	1
甘　肃 GANSU	77	10	0	0	0
青　海 QINGHAI	50	1	1	0	0
宁　夏 NINGXIA	34	1	0	0	0
新　疆 XINJIANG	63	6	0	0	0

ENTERPRISES WITH FUNDS FROM HONG KONG, MACAO AND TAIWAN		外商投资 FOREIGN FUNDED ENTERPRISES			
港澳台商独资 ENTERPRISE WITH SOLE INVESTMENT	港澳台商投资股份有限公司 SHARE-HOLDING CORPORATIONS LTD.	中外合资经营 JOINT-VENTURE ENTERPRISES	中外合作经营 COOPERATION ENTERPRISES	外资企业 ENTERPRISE WITH SOLE FUNDS	外商投资股份有限公司 SHARE-HOLDING CORPORATIONS LTD.
0	0	3	1	0	0
5	1	3	0	3	1
1	1	3	0	0	0
14	1	2	4	7	1
5	0	0	0	0	0
1	0	2	1	4	0
1	0	0	0	2	1
2	2	1	1	2	1
1	0	1	0	1	0
0	0	3	1	3	0
0	0	0	0	2	0
2	0	3	2	1	1
1	0	1	0	0	0
0	0	0	0	0	0
0	0	1	0	0	0
0	0	1	0	0	0

6-4 2017年全国各地区
NUMBER OF STAR-RATED

地　区 LOCALITY	合　计 TOTAL	五星级 5-STAR
总　计 TOTAL	**9 566**	**816**
北　京 BEIJING	496	60
天　津 TIANJIN	80	15
河　北 HEBEI	338	20
山　西 SHANXI	203	16
内蒙古 INNER MONGOLIA	242	10
辽　宁 LIAONING	336	26
吉　林 JILIN	115	3
黑龙江 HEILONGJIANG	187	6
上　海 SHANGHAI	223	72
江　苏 JIANGSU	514	84
浙　江 ZHEJIANG	585	81
安　徽 ANHUI	294	23
福　建 FUJIAN	306	48
江　西 JIANGXI	281	13
山　东 SHANDONG	586	31

星级饭店数
HOTELS 2017

单　位：家
UNET：NUMBER

四星级 4-STAR	三星级 3-STAR	二星级 2-STAR	一星级 1-STAR
2 412	**4 614**	**1 660**	**64**
122	182	122	10
34	24	7	0
122	154	40	2
53	104	30	0
36	102	94	0
70	178	61	1
32	57	23	0
47	103	30	1
67	63	21	0
152	231	47	0
166	244	88	6
105	132	33	1
122	121	14	1
100	149	19	0
143	352	60	0

6-4（续1）

地　　区 LOCALITY	合　计 TOTAL	五星级 5-STAR
河　　南 HENAN	389	19
湖　　北 HUBEI	364	23
湖　　南 HUNAN	366	19
广　　东 GUANGDONG	658	103
广　　西 GUANGXI	370	9
海　　南 HAINAN	120	24
重　　庆 CHONGQING	188	28
四　　川 SICHUAN	323	25
贵　　州 GUIZHOU	232	6
云　　南 YUNNAN	518	19
西　　藏 TIBET	70	2
陕　　西 SHAANXI	300	15
甘　　肃 GANSU	304	3
青　　海 QINGHAI	162	1
宁　　夏 NINGXIA	94	0
新　　疆 XINJIANG	322	12

四星级 4-STAR	三星级 3-STAR	二星级 2-STAR	一星级 1-STAR
83	231	55	1
85	166	86	4
67	195	85	0
137	363	53	2
85	208	68	0
38	51	5	2
51	85	24	0
98	121	77	2
58	95	65	8
75	212	195	17
31	20	16	1
45	180	60	0
68	158	70	5
36	68	57	0
33	57	4	0
51	208	51	0

6-5 2017年全国星级
MAJOR STATISTICS IN

地方/项目 LOCALITY/ITEM	全员劳动生产率（千元/人）OLP（1000 RMB¥/PERSON）	人均占用固定资产原价（千元/人）AF（1000 RMB¥/PERSON）	百元固定资产创营业收入（元）REVEN/100F.A RMB¥）
北　京 BEIJING	307.30	790.11	38.89
天　津 TIANJIN	187.17	964.23	19.41
河　北 HEBEI	124.30	367.70	33.81
山　西 SHANXI	100.78	384.46	26.21
内蒙古 INNER MONGOLIA	126.74	526.06	24.09
辽　宁 LIAONING	158.30	509.43	31.07
吉　林 JILIN	138.72	516.74	26.85
黑龙江 HEILONGJIANG	121.02	447.05	27.07
上　海 SHANGHAI	418.96	642.57	65.20
江　苏 JIANGSU	219.35	477.89	45.90
浙　江 ZHEJIANG	213.06	490.17	43.47
安　徽 ANHUI	154.67	405.54	38.14
福　建 FUJIAN	177.42	305.97	57.99
江　西 JIANGXI	133.06	291.95	45.58
山　东 SHANDONG	157.83	410.28	38.47

饭店主要经济指标
STAR-RATED HOTELS 2017

平均客房出租率（%）AOR（%）	营业收入总额（千元）TOTAL REVENUE（1000RMB￥）	营业收入构成（%）BREAKDOWN OF TOTAL REVENUE		
		客 房 ROOM	餐 饮 F&B	其 他 OTHER
52.97	26 930 479.08	48.59	28.64	22.78
55.06	2 438 855.26	48.38	36.30	15.32
45.08	5 302 315.93	38.18	47.61	14.21
49.01	2 444 346.87	41.48	47.86	10.66
46.10	2 572 125.65	41.69	49.17	9.14
48.70	5 080 436.61	45.04	40.43	14.52
50.54	1 444 636.18	44.90	44.67	10.43
42.03	1 605 044.17	52.18	32.45	15.37
68.98	21 265 233.59	49.44	31.42	19.14
59.79	16 340 013.00	36.26	51.86	11.88
57.73	18 656 862.85	39.25	48.62	12.13
53.50	5 116 422.14	42.04	48.31	9.65
58.44	8 600 215.48	45.24	44.96	9.80
51.62	3 301 608.33	49.49	40.80	9.71
54.94	11 477 670.76	39.17	49.86	10.97

6-5（续1）

地方/ 项目 LOCALITY/ITEM	全员劳动生产率（千元/人）OLP（1000 RMB￥/PERSON）	人均占用固定资产原价（千元/人）AF（1000 RMB￥/PERSON）	百元固定资产创营业收入（元）REVEN/100F.A RMB￥）
河　南 HENAN	136.53	314.37	43.43
湖　北 HUBEI	143.43	344.65	41.62
湖　南 HUNAN	145.63	367.29	39.65
广　东 GUANGDONG	202.37	413.82	48.90
广　西 GUANGXI	124.74	296.64	42.05
海　南 HAINAN	220.23	584.68	37.67
重　庆 CHONGQING	165.48	399.10	41.46
四　川 SICHUAN	153.38	432.80	35.44
贵　州 GUIZHOU	154.41	311.30	49.60
云　南 YUNNAN	94.29	409.13	23.05
西　藏 TIBET	231.95	1 036.22	22.38
陕　西 SHAANXI	158.83	456.19	34.82
甘　肃 GANSU	111.05	323.82	34.29
青　海 QINGHAI	109.37	309.45	35.34
宁　夏 NINGXIA	122.87	373.40	32.90
新　疆 XINJIANG	138.02	462.66	29.83

平均客房出租率（%）AOR（%）	营业收入总额（千元）TOTAL REVENUE（1000RMB ¥）	营业收入构成（%）BREAKDOWN OF TOTAL REVENUE		
		客 房 ROOM	餐 饮 F&B	其 他 OTHER
52.87	5 766 200.07	40.76	47.87	11.37
57.80	5 213 425.35	51.48	39.37	9.15
62.13	6 036 379.70	43.87	43.71	12.42
58.13	21 083 419.45	45.28	40.35	14.37
54.02	3 775 640.55	49.32	37.25	13.43
63.19	4 541 711.89	59.02	26.32	14.66
54.38	3 734 781.61	46.92	36.77	16.31
57.89	6 196 001.00	44.45	38.18	17.37
58.58	2 616 243.28	56.60	32.80	10.61
54.09	3 918 876.61	56.91	29.61	13.47
42.79	1 058 612.51	45.66	26.66	27.68
55.05	4 752 264.60	44.46	46.48	9.07
44.65	2 348 402.83	48.78	40.86	10.35
40.05	819 853.01	57.65	34.96	7.39
47.63	822 477.77	44.80	45.99	9.21
46.86	3 131 952.36	49.42	37.92	12.66

七、旅行社基本情况

7. STATISTICS OF TRAVEL AGENCIES

7-1 2016~2017 年全国旅行社总数
NUMBER OF TRAVEL AGENCIES 2016—2017

单 位：家
UNIT：NUMBER

地 区 LOCALITY	旅行社总数 TOTAL TRAVEL AGENCIES	
	2016年 2016	2017年 2017
总 计 TOTAL	**27 939**	**29 717**
北 京 BEIJING	1 344	1 396
天 津 TIANJIN	396	475
河 北 HEBEI	1 373	1 382
山 西 SHANXI	778	790
内 蒙 古 INNER MONGOLIA	956	992
辽 宁 LIAONING	1 258	1 246
吉 林 JILIN	634	615
黑 龙 江 HEILONGJIANG	693	781
上 海 SHANGHAI	1 261	1 382
江 苏 JIANGSU	2 241	2 364
浙 江 ZHEJIANG	2 051	2 216
安 徽 ANHUI	1 070	1 104
福 建 FUJIAN	844	897
江 西 JIANGXI	744	765
山 东 SHANDONG	2 115	2 220

7-1（续1）

地　　区 LOCALITY	旅行社总数 TOTAL TRAVEL AGENCIES	
	2016年 2016	2017年 2017
河　　南 HENAN	1 009	974
湖　　北 HUBEI	1 057	1 067
湖　　南 HUNAN	838	885
广　　东 GUANGDONG	2 028	2 450
广　　西 GUANGXI	586	598
海　　南 HAINAN	304	272
重　　庆 CHONGQING	546	559
四　　川 SICHUAN	485	773
贵　　州 GUIZHOU	348	379
云　　南 YUNNAN	855	900
西　　藏 TIBET	205	251
陕　　西 SHAANXI	696	737
甘　　肃 GANSU	463	504
青　　海 QINGHAI	231	284
宁　　夏 NINGXIA	115	127
新　　疆 XINJIANG	415	332

7-2　2017年旅行社外联、接待入境旅游者情况

INTERNATIONAL TOURISTS LIAISED AND RECEIVED BY TRAVEL AGENCIES 2017

单　位：人、人天

UNIT：PERSON, NIGHT

地　区 LOCALITY	外联 LIAISED		接待 RECEIVED	
	人数 PERSONS	人天数 NIGHTS	人数 PERSONS	人天数 NIGHTS
总　计 TOTAL	**14 813 859**	**61 521 074**	**23 886 206**	**70 000 968**
北　京 BEIJING	832 043	4 001 359	1 044 772	4 514 128
天　津 TIANJIN	94 290	285 092	130 520	375 231
河　北 HEBEI	64 928	327 996	76 908	315 287
山　西 SHANXI	109 659	767 539	124 514	5 049 634
内蒙古 INNER MONGOLIA	146 381	402 584	174 919	479 629
辽　宁 LIAONING	1 376 912	5 050 010	1 372 240	4 905 445
吉　林 JILIN	122 835	261 328	203 296	477 145
黑龙江 HEILONGJIANG	135 331	712 663	254 219	1 561 627
上　海 SHANGHAI	550 960	1 818 380	676 547	2 055 140
江　苏 JIANGSU	338 152	1 411 825	1 893 026	3 441 575
浙　江 ZHEJIANG	471 255	2 198 931	708 477	2 107 198
安　徽 ANHUI	98 656	598 264	309 407	885 085
福　建 FUJIAN	1 299 200	6 631 592	1 342 749	5 219 187
江　西 JIANGXI	34 069	260 859	31 819	220 606
山　东 SHANDONG	1 096 566	5 579 771	1 253 851	5 890 556

7-2（续1）

地　区 LOCALITY	外　联 LIAISED		接　待 RECEIVED	
	人　数 PERSONS	人天数 NIGHTS	人　数 PERSONS	人天数 NIGHTS
河　南 HENAN	136 420	629 044	219 791	503 402
湖　北 HUBEI	448 930	1 272 474	1 103 355	1 992 350
湖　南 HUNAN	660 490	4 326 591	1 151 868	6 374 029
广　东 GUANGDONG	5 124 011	16 005 231	8 256 073	12 297 792
广　西 GUANGXI	205 164	582 455	219 008	834 153
海　南 HAINAN	94 960	455 508	649 910	1 565 078
重　庆 CHONGQING	97 191	300 191	557 029	738 961
四　川 SICHUAN	201 346	1 501 225	342 724	2 249 808
贵　州 GUIZHOU	36 539	261 473	127 220	537 818
云　南 YUNNAN	40 176	274 700	215 568	571 547
西　藏 TIBET	15 053	73 702	37 112	187 697
陕　西 SHAANXI	909 696	5 133 646	1 262 912	4 167 046
甘　肃 GANSU	34 043	241 124	40 886	133 288
青　海 QINGHAI	17 109	48 977	43 171	91 013
宁　夏 NINGXIA	4 979	24 063	34 251	136 350
新　疆 XINJIANG	16 515	82 477	28 064	123 163

7-3 2017 年旅行社组织、接待国内游客情况

DOMESTIC TOURISTS ORGANIZED AND RECEIVED BY TRAVEL AGENCIES 2017

单 位：人、人天

UNIT： PERSON, NIGHT

地 区 LOCALITY	组 团 ORGANIZED		接 待 RECEIVED	
	人 数 PERSONS	人天数 NIGHTS	人 数 PERSONS	人天数 NIGHTS
总 计 TOTAL	**168 008 153**	**531 068 707**	**245 724 821**	**493 079 179**
北 京 BEIJING	4 350 588	17 153 266	2 774 253	12 126 480
天 津 TIANJIN	3 076 376	14 120 208	1 195 219	4 154 481
河 北 HEBEI	3 123 703	8 680 561	2 278 126	4 372 896
山 西 SHANXI	2 622 308	11 196 595	3 295 595	18 244 442
内蒙古 INNER MONGOLIA	698 581	2 601 417	1 345 451	4 273 674
辽 宁 LIAONING	6 487 609	36 048 666	4 247 111	18 751 823
吉 林 JILIN	812 829	3 371 091	616 774	1 733 828
黑龙江 HEILONGJIANG	772 286	3 950 623	1 136 209	3 690 359
上 海 SHANGHAI	16 624 206	38 736 409	7 295 517	14 583 070
江 苏 JIANGSU	22 401 019	65 799 562	91 141 522	106 748 772
浙 江 ZHEJIANG	16 017 003	40 010 207	18 875 771	35 216 368
安 徽 ANHUI	4 485 399	13 273 914	7 183 768	17 369 694
福 建 FUJIAN	10 225 551	34 335 584	13 284 093	32 604 430
江 西 JIANGXI	2 048 307	6 229 473	2 645 860	6 054 025
山 东 SHANDONG	11 146 568	37 638 888	9 010 883	24 284 050

7-3（续1）

地　区 LOCALITY	组　团 ORGANIZED		接　待 RECEIVED	
	人　数 PERSONS	人天数 NIGHTS	人　数 PERSONS	人天数 NIGHTS
河　南 HENAN	2 340 076	7 693 465	1 697 836	3 242 154
湖　北 HUBEI	9 159 914	25 213 467	13 813 090	26 414 783
湖　南 HUNAN	6 390 095	19 255 232	8 294 170	23 634 939
广　东 GUANGDONG	20 665 369	56 056 027	14 918 247	28 687 369
广　西 GUANGXI	1 618 224	4 417 470	3 928 750	10 478 588
海　南 HAINAN	644 588	1 238 750	8 428 314	25 372 065
重　庆 CHONGQING	9 531 273	38 581 611	5 771 885	9 146 757
四　川 SICHUAN	5 045 998	16 221 628	5 046 895	16 311 076
贵　州 GUIZHOU	1 190 092	4 044 610	2 451 932	6 326 827
云　南 YUNNAN	1 166 116	4 462 544	6 607 345	16 268 066
西　藏 TIBET	60 387	237 604	226 081	940 443
陕　西 SHAANXI	3 842 897	14 918 946	4 898 415	12 035 045
甘　肃 GANSU	394 014	1 613 579	936 851	2 816 704
青　海 QINGHAI	414 947	1 617 692	1 241 673	3 582 713
宁　夏 NINGXIA	353 463	1 402 636	757 222	2 351 836
新　疆 XINJIANG	298 367	946 982	379 963	1 261 422

八、A级旅游景区基本情况

8. STATISTICS OF A-GRADE TOURIST ATTRACTIONS

8-1 2017年全国各地区A级旅游景区总数

NUMBER OF A-GRADE TOURIST ATTRACTIONS 2017

单 位：家

UNET：NUMBER

地 区 LOCALTY	旅游景区总数 NUMBER OF A-GRADE TOURIST ATTRACTIONS	AAAAA	AAAA	AAA	AA	A
总 计 TOTAL	**10 806**	**250**	**3 272**	**4 815**	**2 358**	**111**
北 京 BEIJING	249	7	71	119	45	7
天 津 TIANJIN	108	2	31	52	23	0
河 北 HEBEI	403	9	114	131	148	1
山 西 SHANXI	172	7	91	53	19	2
内蒙古 INNER MONGOLIA	374	4	117	114	138	1
辽 宁 LIAONING	454	5	115	254	72	8
吉 林 JILIN	238	6	57	93	68	14
黑龙江 HEILONGJIANG	410	5	108	149	129	19
上 海 SHANGHAI	99	3	50	46	0	0
江 苏 JIANGSU	630	23	190	224	193	0
浙 江 ZHEJIANG	700	16	195	337	143	9
安 徽 ANHUI	586	11	188	258	127	2
福 建 FUJIAN	280	9	90	155	26	0
江 西 JIANGXI	357	10	121	176	50	0
山 东 SHANDONG	1 173	11	215	567	376	4

8-1（续1）

地　区 LOCALTY	旅游景区总数 NUMBER OF A-GRADE TOURIST ATTRACTIONS	AAAAA	AAAA	AAA	AA	A
河　南 HENAN	412	13	146	163	89	1
湖　北 HUBEI	371	10	130	182	47	2
湖　南 HUNAN	389	8	99	249	31	2
广　东 GUANGDONG	340	12	172	140	16	0
广　西 GUANGXI	422	5	173	230	14	0
海　南 HAINAN	54	6	17	24	7	0
重　庆 CHONGQING	223	8	83	78	52	2
四　川 SICHUAN	492	12	208	148	122	2
贵　州 GUIZHOU	255	5	95	139	16	0
云　南 YUNNAN	231	8	71	63	81	8
西　藏 TIBET	115	4	12	45	38	16
陕　西 SHAANXI	418	8	104	260	44	2
甘　肃 GANSU	274	4	78	109	81	2
青　海 QINGHAI	109	3	24	63	19	0
宁　夏 NINGXIA	73	4	17	32	20	0
新　疆 XINJIANG	395	12	90	162	124	7

8-2 2017年A级旅游景区基本情况

MAJOR STATISTICS OF A-GRADE TOURIST ATTRACTIONS 2017

地 区 LOCALITY	A级旅游景区样本量（家） SAMPLE SIZE OF A-GRADE TOURIST ATTRACTIONS	接待总人数（亿人次） VISITORS RECEIVED (100 MILLION PERSON)	营业收入（亿元） TOTAL REVENUE (100 MILLION RMB ¥)	#门票收入（亿元） TICKETS (100 MILLION RMB ¥)
总 计 TOTAL	**10 806**	**53.95**	**4 339.83**	**989.60**
北 京 BEIJING	249	2.16	53.13	17.52
天 津 TIANJIN	108	0.64	21.45	9.36
河 北 HEBEI	403	1.30	82.91	20.46
山 西 SHANXI	172	0.61	105.43	14.76
内蒙古 INNER MONGOLIA	374	0.54	43.50	8.42
辽 宁 LIAONING	454	1.33	100.29	38.86
吉 林 JILIN	238	0.44	37.29	9.21
黑龙江 HEILONGJIANG	410	0.73	49.05	11.07
上 海 SHANGHAI	99	1.01	52.97	32.06
江 苏 JIANGSU	630	5.97	223.97	62.91
浙 江 ZHEJIANG	700	4.17	221.34	88.67
安 徽 ANHUI	586	2.61	277.72	46.21
福 建 FUJIAN	280	1.52	95.53	27.83

注：样本量为剔除了漏报、误报、数据不全的A级景区

NOTE: A-RATED SCENIC SPOTS WITH OMITTED, WRONG AND INCOMPLETE DATA ARE NOT INCLUDED IN THE SAMPLE

8-2（续1）

地　　区 LOCALITY	A级旅游景区样本量（家）SAMPLE SIZE OF A-GRADE TOURIST ATTRACTIONS	接待总人数（亿人次）VISITORS RECEIVED（100 MILLION PERSON）	营业收入（亿元）TOTAL REVENUE（100 MILLION RMB￥）	#门票收入（亿元）TICKETS（100 MILLION RMB￥）
江　西 JIANGXI	357	1.54	588.46	54.49
山　东 SHANDONG	1 173	4.87	263.86	84.67
河　南 HENAN	412	2.35	110.09	50.04
湖　北 HUBEI	371	1.78	194.12	40.90
湖　南 HUNAN	389	2.27	267.75	59.19
广　东 GUANGDONG	340	2.76	155.39	64.23
广　西 GUANGXI	422	1.80	68.33	26.59
海　南 HAINAN	54	0.50	35.15	16.31
重　庆 CHONGQING	223	1.25	111.10	18.75
四　川 SICHUAN	492	3.48	475.99	50.28
贵　州 GUIZHOU	255	2.22	309.18	31.08
云　南 YUNNAN	231	1.03	69.02	28.54
西　藏 TIBET	115	0.08	2.04	0.81
陕　西 SHAANXI	418	2.59	143.32	37.75
甘　肃 GANSU	274	1.06	73.80	14.18
青　海 QINGHAI	109	0.45	41.57	6.37
宁　夏 NINGXIA	73	0.22	11.92	4.32
新　疆 XINJIANG	395	0.67	54.16	13.76

九、旅游企事业单位基本情况

9. STATISTICS OF TOURISM ENTERPRISES

9-1 2017年旅游业从业人数

BREAKDOWN EMPLOYEES OF TOURISM INDUSTRY 2017

单 位：人
UNIT：PERSON

地 区 LOCALITY	星级饭店 STAR-RATED HOTELS	旅行社 TRAVEL AGENCIES	A级景区固定从业人员 FULL-TIME STAFF OF A-GRADE TOURIST ATTRACTIONS
总 计 TOTAL	**1 124 641**	**358 873**	**1 300 945**
北 京 BEIJING	87 636	30 333	16 843
天 津 TIANJIN	13 030	5 934	10 156
河 北 HEBEI	42 657	7 387	78 646
山 西 SHANXI	24 254	7 927	12 232
内蒙古 INNER MONGOLIA	20 295	6 456	16 787
辽 宁 LIAONING	32 093	9 443	58 242
吉 林 JILIN	10 414	4 585	11 465
黑龙江 HEILONGJIANG	13 263	5 151	30 335
上 海 SHANGHAI	50 757	34 096	11 557
江 苏 JIANGSU	74 494	29 461	69 874
浙 江 ZHEJIANG	87 567	27 244	61 925
安 徽 ANHUI	33 080	9 598	67 533
福 建 FUJIAN	48 473	17 331	26 449
江 西 JIANGXI	24 813	6 098	37 532
山 东 SHANDONG	72 723	20 799	162 314

9-1（续1）

地　　区 LOCALITY	星级饭店 STAR-RATED HOTELS	旅行社 TRAVEL AGENCIES	A级景区固定从业人员 FULL-TIME STAFF OF A-GRADE TOURIST ATTRACTIONS
河　南 HENAN	42 235	6 456	53 394
湖　北 HUBEI	36 349	14 155	46 710
湖　南 HUNAN	41 449	14 524	78 351
广　东 GUANGDONG	104 181	40 066	83 174
广　西 GUANGXI	30 269	7 651	33 118
海　南 HAINAN	20 623	4 710	17 031
重　庆 CHONGQING	22 570	5 724	23 912
四　川 SICHUAN	40 396	7 073	86 840
贵　州 GUIZHOU	16 944	3 110	36 800
云　南 YUNNAN	41 562	9 070	54 162
西　藏 TIBET	4 564	649	381
陕　西 SHAANXI	29 921	9 995	48 656
甘　肃 GANSU	21 147	4 517	20 285
青　海 QINGHAI	7 496	5 452	10 011
宁　夏 NINGXIA	6 694	1 766	5 964
新　疆 XINJIANG	22 692	2 112	30 266

9-2 2017年全国旅游院校基本情况

MAJOR STATISTICS OF TOURISM SCHOOLS & COLLEGES 2017

地 区 LOCALITY	旅游院校数（所）NUMBER OF TOURISM SCHOOLS AND COLLEGES			旅游院校招生数（人）NUMBER OF STUDENTS AT TOURISM SCHOOLS AND COLLEGES		
	总 计 TOTAL	*高等院校 INSTITUTES OF HIGHER EDUCATION	**中等职业学校 SECONDARY VOCATIONAL SCHOOLS	总 计 TOTAL	*高等院校 INSTITUTES OF HIGHER EDUCATION	**中等职业学校 SECONDARY VOCATIONAL SCHOOLS
总 计 TOTAL	**2 641**	**1 694**	**947**	**273 909**	**172 395**	**101 514**
北 京 BEIJING	50	33	17	3 513	2 891	622
天 津 TIANJIN	30	28	2	3 323	2 813	510
河 北 HEIBEI	98	78	20	7 304	5 539	1 765
山 西 SHANXI	59	51	8	5 404	4 259	1 145
内蒙古 INNER MONGOLIA	56	39	17	4 770	3 263	1 507
辽 宁 LIAONING	74	55	19	7 837	5 996	1 841
吉 林 JILIN	52	43	9	3 157	2 633	524
黑龙江 HEILONGJIANG	62	49	13	4 229	3 638	591
上 海 SHANGHAI	50	34	16	5 878	3 468	2 410
江 苏 JIANGSU	148	108	40	14 450	10 083	4 367
浙 江 ZHEJIANG	115	54	61	14 737	8 855	5 882
安 徽 ANHUI	99	76	23	15 041	8 965	6 076

注：本表数据来源教育部

* 高等院校指旅游高等院校及开设旅游系（专业）的普通高等院校和成人高等院校。

** 中等职业学校指旅游中等专业学校、旅游职业高中及开设旅游专业的其他中等专业学校、职业高中和技校。

NOTES: * TOURISM INSTITUTES: TOURISM COLLEGES AND ORDINARY INSTITUTES OF HIGHER EDUCATION WITH TOURISM DEPARTMENTS.

** SECONDARY VOCATIONAL SCHOOLS: SECONDARY TOURISM PROFESSIONAL SCHOOLS,VOCATIONAL TOURISM HIGH SCHOOLS, TOURISM

9–2（续1）

地　区 LOCALITY	旅游院校数（所） NUMBER OF TOURISM SCHOOLS AND COLLEGES			旅游院校招生数（人） NUMBER OF STUDENTS AT TOURISM SCHOOLS AND COLLEGES		
	总 计 TOTAL	*高等院校 INSTITUTES OF HIGHER EDUCATION	**中等职业学校 SECONDARY VOCATIONAL SCHOOLS	总 计 TOTAL	*高等院校 INSTITUTES OF HIGHER EDUCATION	**中等职业学校 SECONDARY VOCATIONAL SCHOOLS
福　建 FUJIAN	82	54	28	6 966	4 981	1 985
江　西 JIANGXI	72	70	2	5 553	4 921	632
山　东 SHANDONG	134	96	38	15 855	11 106	4 749
河　南 HENAN	129	110	19	15 368	13 465	1 903
湖　北 HUBEI	123	100	23	8 876	5 837	3 039
湖　南 HUNAN	97	75	22	10 225	7 723	2 502
广　东 GUANGDONG	171	100	71	20 480	13 003	7 477
广　西 GUANGXI	82	64	18	12 186	7 160	5 026
海　南 HAINAN	57	17	40	14 618	5 150	9 468
四　川 SICHUAN	215	90	125	24 703	10 569	14 134
重　庆 CHONGQING	116	42	74	14 998	5 426	9 572
贵　州 GUIZHOU	64	44	20	8 021	5 889	2 132
云　南 YUNNAN	165	44	121	12 453	4 225	8 228
西　藏 TIBET	11	6	5	846	322	524
陕　西 SHAANXI	60	56	4	3 933	3 046	887
甘　肃 GANSU	46	27	19	3 944	2 764	1 180
青　海 QINGHAI	13	11	2	1 092	682	410
宁　夏 NINGXIA	10	8	2	1 054	656	398
新疆维吾尔自治区和新疆生产建设兵团 XINJIANG	101	32	69	3 095	3 067	28

附　　录

APPENDIX

旅游统计基本概念和主要指标解释

1. 游客：指任何为休闲、娱乐、观光、度假、探亲访友、就医疗养、购物、参加会议或从事经济、文化、体育、宗教活动，离开常住国（或常住地）到其他国家（或地方），其连续停留时间不超过 12 个月，并且在其他国家（或地方）的主要目的不是通过所从事的活动获取报酬的人。

游客不包括因工作或学习在两地有规律往返的人。

游客按出游地分为国际游客（即入境游客）和国内游客。按出游时间分为过夜游客和一日游游客。

2. 常住国：指一个人在近一年的大部分时间所居住的国家（或地区）或在这个国家（或地区）只居住了较短的时间，但在 12 个月内仍将返回的这个国家（或地区）。

3. 常住地：指一个常住国的居民，在近一年的大部分时间所居住的城镇或在这个城镇只居住了较短的时期，但在 12 个月内仍将返回的这个城镇。判定一个游客是国际游客还是国内游客不是根据这个游客的国籍而是根据他的常住国或常住地而定。

4. 入境旅游人数：指报告期内来我国观光、度假、探亲访友、就医疗养、购物、参加会议或从事经济、文化、体育、宗教活动的外国人、港澳台同胞等入境游客。统计时，外国人、港澳台同胞每入境一次统计 1 人次，即入境旅游人数。

入境旅游人数包括入境过夜游客和入境一日游游客。

5. 入境过夜游客：指入境游客中，在我国旅游住宿设施内至少停留一夜的外国人、华侨、港澳台同胞。

入境过夜游客不包括下列人员：① 应邀来华访问的政府部长以上官员及其随行人员；② 外国驻华使领馆官员、外交人员以及随行的家庭服务人员和受赡养者；③ 常驻我国一年以上的外国专家、留学生、记者、商务机构人员等；④ 乘坐国际航班过境不需要通过护照检查进入我国口岸的中转旅客；⑤ 边境地区往来的边民；⑥ 回内地（大陆）定居的港澳台同胞；⑦ 已在我国定居的外国人和原已出境又返回在我国定居的外国侨民；⑧ 归国的我国出国人员。

6. 入境一日游游客：指入境游客中，未在我国旅游住宿设施内过夜的外国人、华侨、港澳台同胞。入境一日游游客应包括乘坐游船、游艇、火车、汽车来华旅游，在车（船）上过夜的游客和机、车、船上乘务人员，但不包括在境外（内）居住而在境内（外）工作，当天往返的港澳同胞和周边国家的边民。

7. 国内游客：指报告期内在国内观光游览、度假、探亲访友、就医疗养、购物、参加会议或从事经济、文化、体育、宗教活动的本国居民，其出游的目的不是通过所从事的活动谋取报酬。统计时，国内游客按每出游一次统计 1 人次。国内游客包括国内过夜游客和国内一日游游客。

8. 国内过夜游客：指国内居民离开惯常居住地在境内其他地方的旅游住宿设施内至少停留一夜，最长不超过 12 个月的国内游客。国内过夜游客应包括在我国境内常住一年以上的外国人、港澳台同胞。但不包括到各地巡视工作的部级以上领导、驻外地办事机构的临时工作人员、调遣的武装人员、到外地学习的学生、到基层锻炼的干部、到境内其他地区定居的人员和无固定居住地的无业游民。

9. 国内一日游游客：指国内居民离开惯常居住地 10 公里以上，出游时间超过 6 小时，不足 24 小时，并未在境内其他地方的旅游住宿设施过夜的国内游客。

10. 国籍：是指给游客颁发护照（或其他身份文件）的政府所在的国家。

11. 外国人：指属外国国籍的人，加入外国国籍的中国血统华人也计入外国人。

12. 港澳台同胞：指居住在我国香港特别行政区、澳门特别行政区和台湾省的中国同胞。

13. 职业：旅游者在本次旅游前所从事的职业。

14. 出境人数（出境游客）：指我国（大陆）公民因公或因私出境前往其他国家或地区观光、度假、探亲访友、就医疗养、购物、参加会议或从事经济、文化、体育、宗教活动的人数（即出境游客）。统计时，出境游客按每出境一次统计 1 人次。

15. 出境过夜游客：指我国大陆居民出境旅游，并在境外其他国家或地区的旅游住宿设施至少停留一夜的游客。

16. 出境一日游游客：指我国大陆居民出境旅游，在境外停留时间不超过 24 小时，并未在境外其他国家或地区的旅游住宿设施内过夜的游客。

17. 旅游收入：游客（入境游客和国内游客）在旅游过程中（由游客或游客的代表为游客）支付的一切旅游支出就是国家（省、区、市）的旅游收入。游客的旅游支出应包括过夜游客和一日游游客在整个游程中行、游、住、食、购、娱，以及为亲友、家人购买纪念品、礼品等方面的旅游支出，不包括为商业目的购物、购买房、地、车、船等资本性或交易性的投资、馈赠亲友的现金及给公共机构的捐赠。旅游收入包括国际旅游（外汇）收入和国内旅游收入。

18. 国际旅游（外汇）收入：入境游客在中国（大陆）境内旅行、游览过程中用于交通、参观游览、住宿、餐饮、购物、娱乐等全部花费。

19. 国内旅游收入：指国内游客在国内旅行、游览过程中用于交通、参观游览、住宿、餐饮、购物、娱乐等全部花费。

20. 团体入境游客（简称“团队”）：指参加旅游团（通常采用综合包价、小包价、国际会议、海洋游船、应邀来访及临时组织的旅游团等形式）来中国大陆旅游的入境过夜游客及入境一日游游客。

21. 旅行社外联（组团）人数：指报告期内旅行社自组外联的入境游客人数，反映旅行社对外招徕的能力。旅行社按以下要求统计外联人数：①国际游客入境后不论其停留时间多少、旅游线路长短，只统计一次；②旅行社只统计本社自主外联团的实到人数，非本社外联，仅由本社接受委托办理签证的人数不包括在内。

22. 旅行社接待入境游客人数：指报告期内旅行社实际接待的团队及零散入境过夜游客和入境一日游游客人数，以反映旅行社的接待工作量。旅行社接待入境游客的人数，既包括本社外联并接待的团队游客，也包括接受其他旅行社委托接待的团队游客。

23. 旅行社外联入境游客人天数：指报告期内旅行社外联的每个入境游客在境内实际停留的天数之和。仅委托办理有关手续或提供单项服务的零散入境游客不计算人天。外联一日游游客超过 6 小时的按 1 人天统计。

24. 旅行社接待入境人天数：指报告期内旅行社接待的每个入境游客在本省、市实际停留的天数之和。仅委托办理有关手续或提供单项服务的零散入境游客不计算人天。

25. 国内旅游组团人数（人天数）：指报告期内旅行社招徕组织国内团队游客人数（人天数）。组团人数包括国内过夜游客人数和国内一日游游客人数。

26. 国内旅游接待人数（人天数）：指报告期内旅行社接待国内团队游客人数（人天数）。接待人数（人天数）包括本社组团本社接待和外社组团本社接待的国内游客人数（人天数）。

27. 旅游住宿设施（旅馆业）：指任何定期（或临时）为旅游者提供住宿条件的设施。旅游住宿设施包括星级饭店、宾馆、公寓、旅店、招待所、江河及海洋游船、培训中心、疗养院、度假村、假日营地、私人寓所、家庭住宅的出租客房及亲友提供的免费住宿设施等。

28. 星级饭店：指已评定星级的饭店。

29. 星级饭店接待人数（人天数）：指报告期内游客在星级饭店住宿的人数

（人天数）。不论其住宿夜数多少，每接待一位游客只统计一次人数；一个游客住宿几夜，相应计算几个人天数。

30. 客房出租率：指报告期内客房实际出租间天数除以报告期内客房可出租间天数的百分数。其计算公式为：

$$客房出租率（\%）=\frac{\sum 客房实际出租间天数（间天）}{\sum 客房核定出租间天数（间天）}\times 100$$

31. 客房实际平均价格：指报告期内旅游饭店（宾馆）、公寓、涉外游船实际出租客房、公寓的平均价格。其计算公式为：

客房实际平均价格（元/间天）= 客房收入（元）/ 客房实际出租间天数（间天）

32. 营业收入：指企业各项经营业务的收入。饭店（宾馆）、写字楼、公寓、旅店的营业收入（总额），包括客房收入、餐饮收入、商品部收入、车队收入、其他收入等；旅行社的营业收入（总额），包括综合服务收入、组团外联收入、零星服务收入、劳务收入、票务收入、旅游及加项收入、其他收入等；酒楼、餐馆等饮食企业的营业收入包括餐费收入、冷热饮收入、服务收入、其他收入等；从事咨询服务的咨询公司的服务收入，也计入本科目。

旅行社（不论是组团社还是接团社）组织境外游客到国内旅游，应以旅行团队离境（或离开本地）时确认营业收入实现；旅行社组织国内游客到境外旅游，应以旅行团旅行结束返回时确认营业收入实现；旅行社组织国内游客在国内旅游，也应以旅行团旅行结束返回时确认营业收入实现。

旅行社、旅游饭店营业收入不包括本单位直属其他独立核算企业的营业收入。

33. 税金及附加：指企业与营业收入有关的，应由各项经营业务负担的税金及附加，包括增值税、城市维护建设税及教育费附加等。饭店（宾馆）、公寓、旅店、酒楼、餐馆等企业应按营业收入的一定比例计算缴纳税金；旅行社应按营业收入净额（营业收入总额扣除代收代付的房费、餐费、交通费等费用）计算缴纳税金。

34. 经营利润：指企业经营取得的收入，也可理解是一种毛利润，经营利润等于营业收入减去营业成本、营业费用、税金及附加。

35. 营业利润：是利润总额的主要组成部分。指企业经营利润减去管理费用、财务费用后的差额。

36. 利润总额：指企业在一定时期内实现的盈亏总额，反映企业最终的财务成果。计算公式为：

利润总额 = 营业利润 + 补贴收入 + 投资收益 + 营业外收入 − 营业外支出

该指标如小于零，表示亏损。

37. 固定资产原价：指企业在建造、购置、安装、改建、扩建、技术改造某项固定资产时所支出的全部货币总额。

38. 固定资产净值：指企业固定资产原价扣除累计折旧后的余额。

39. 年末从业人员：指年度末由企业支付工资的各类职工（包括正式职工、合同制职工、临时工、计划外用工等）的人数。

40. 企业登记注册类型：以企业在工商部门登记注册时的企业类型为依据，按国家统计局与原国家工商行政管理局联合制定的《关于划分企业登记注册类型的规定》分为：内资企业、港澳台商投资企业、外商投资企业。内资企业包括：国有企业、集体企业、股份合作企业、有限责任公司、股份有限公司、私营企业和其他企业。港澳台商投资企业包括：合资经营企业、合作经营企业、港澳台商独资企业和港澳台商投资股份有限公司。外商投资企业包括：中外合资经营企业、中外合作经营企业、外资（独资）企业、外商投资股份有限公司。

41. 旅游高等院校：指国家承认学历、开设旅游学院（系、专业）的普通高等院校和成人高等院校。

42. 旅游中等职业学校：指国家承认学历的旅游中等专业学校、旅游职业中学（高中）及开设旅游专业班的技校和普通中学。

TECHNICAL NOTES

1. **Visitor**– refers to any person who travels to a country (or place) other than that of his or her residence for a period not exceeding 12 months for leisure, entertainment, sightseeing, holiday, visiting relatives or friends, medical care, shopping, meeting, or taking part in economic, cultural, sports or religious activities, where the main purpose of the travel is not for remuneration.

A visitor does not refer to any person who commutes between two places regularly for career or education.

According to the origin of the travel, visitors are classified as international visitors (i. e., inbound visitors) and domestic visitors. According to the length of stay, visitors are classified as tourists (i.e., overnight visitors) and same–day visitors (non–overnight visitors) .

2. **Country of Residence** – refers to the country (or region) where a person resides for most of the time over the past year, or for a short period of time but then the person returns within 12 months.

3. **Place of Residence** – refers to the city (or town) where a person resides for most of the time over the past year, or for a short period of time but the person returns within 12 month. The criterion to classify whether a visitor is an international visitor or a domestic visitor is not the person's citizenship, but his or her country of residence or place of residence.

4. **International Visitors (Inbound Visitor Arrivals)** – refer to foreigners or compatriots from Hong Kong, Macao and Taiwan who come to China within the reporting time frame for sightseeing, holiday, visiting friends and relatives, medical care, shopping, meeting, or taking part in economic, cultural, sports or religious activities. Each time of entry is recorded as one time of arrival, and the total sum makes up the inbound visitor arrivals.

Inbound visitor arrivals (international visitors) include inbound (overnight) tourists and inbound same–day visitors.

5. **Inbound (overnight) tourists** – refer to those inbound visitors who stay at least for one night at tourist accommodation establishments in China.

Inbound (overnight) tourists do not include following persons:

(1) Officials of ministerial level or above and their aids and escorts who come to visit China at the invitation of Chinese;

(2) Officials and diplomats of foreign diplomatic missions to China, including their household service people and dependents;

(3) Foreign experts, students, journalists, trade representatives who stay in China over one year;

(4) Transit passengers of international flights without going through Chinese frontier checks;

(5) Border residents;

(6) Compatriots from Hong Kong, Macao and Taiwan who reside in the mainland permanently;

(7) Foreigners who has already become residents in the country or who left the country but has returned to reside in the country;

(8) Chinese nationals who return from foreign countries.

6. **Inbound Same-day Visitors** – refer to those inbound visitors who do not stay overnight in the tourist accommodation establishments. They include visitors, drivers, crewmembers who stay overnight on board of cruise ships, yachts, trains or motor vehicles, but they do not include those compatriots from Hong Kong, Macao and Taiwan and those residents of the bordering countries who reside outside (inside) while work inside (outside) China.

7. **Domestic Visitors** – refer to Chinese nationals who travel within the country within the reporting time frame for sightseeing, holiday, visiting friends and relatives, medical care, meeting, or taking part in economic, cultural, sports or religious activities. Their purposes of travel are not for remuneration from the activities afore mentioned. Each time of their travel is recorded as one person time. Domestic visitors include domestic (overnight) tourists and domestic same-day visitors.

8. **Domestic Tourist**– refers to any residents of the country who leaves his or her usual place of residence and travels to another place within the country and stay at least one night but not exceeding 12 months at the tourist accommodation establishments, where the main purpose of the travel is not for remuneration. Domestic tourists should include those foreigners and compatriots from Hong Kong, Macao and Taiwan who reside in the country over one year; They do not include officials at the ministerial level and above on inspection trips, temporary staff members in the offices in other cities, military

staff mobilized to other areas, students studying in other places of the country, government employees on field training, people who travel to another place to reside, and people without fixed residence.

9. **Domestic Same-day** Visitor – refers to a resident of the country who leaves his or her usual place of residence over 10 kilometers away for over 6 hours but less than 24 hours and does not stay overnight in the tourist accommodation establishments in other places.

10. **Citizenship** – refers to the country where the government issues the passport (or other identification documents) to a visitor.

11. **Foreigners** – refer to persons with foreign citizenship, including Chinese descents who have acquired foreign citizenship.

12. **Compatriots of Hong Kong, Macao and Taiwan** – refer to the Chinese compatriots who reside in Hong Kong Special Administrative Region, Macao Special Administrative Region and Taiwan province.

13. **Occupation** – refers to the occupation a visitor holds before the trip.

14. **Outbound Visitor** (**outbound departure**) – refers to a Chinese (mainland) citizen who departs from China to a foreign country (or region) for leisure, entertainment, sightseeing, holiday, visiting relatives or friends, medical care, shopping, meeting, or taking part in economic, cultural, sports or religious activities. Each time of departure is recorded as one person time.

15. **Outbound Tourist** – refers to a resident of the mainland who departs the country for travel and stays at least one night at the tourist accommodation establishments in another country or region.

16. **Outbound Same-day Visitor** – refers to a resident of the mainland China who makes an outbound travel for less than 24 hours and does not stay overnight in the tourist accommodation establishments in the country or region.

17. **Tourism Receipts** – all the expenditures made by visitors (inbound visitors and domestic visitors) or by representatives of the visitors in the course of their travel constitute the tourism receipts of a country (province, region, city) . Tourism expenditures of visitors should include expenses made by (overnight) tourists and same-day visitors throughout their travel on transport, tours, lodging, food, shopping, entertainment, and souvenirs and gifts for friends and relatives. Tourism expenditures do not include purchases of goods, real estate, house, motor vehicle, water vessel for commercial purposes, neither include capital nor transactional investments, cash given

to friends and relatives, donations to public organizations. Tourism receipts include international tourism (foreign exchange) receipts and domestic tourism receipts.

18. **International Tourism (foreign exchange) Receipts**– refer to the total expenditure made by inbound tourists within the territory of China (the mainland) in their course of travel on transport, tours and sightseeing, lodging, food and beverage, shopping, entertainment and etc.

19. **Domestic Tourism Receipts** – refer to the total expenditure made by domestic tourists within the territory of China (the mainland) in their course of travel on transport, tours and sightseeing, lodging, food and beverage, shopping, entertainment and etc.

20. **Group Inbound Visitors ("Groups" for short)** – refer to inbound tourists and same–day visitors who travel to the mainland China as groups (usually the groups are in the form of all–inclusive packages, small packages, international conferences, cruise liners, invited groups and temporarily organized tourist groups) .

21. **Number of Inbound Visitors Liaised by Travel Agencies** – refers to the number of inbound visitors liaised by any travel agency within the reporting time frame. It reflects the sales abilities of travel agencies. Travel agencies are required to record the number of inbound visitors according to: (1) Upon arrival, the entry of international visitors is recorded only once no matter how long they will stay and how long their itineraries are; (2) Travel agencies record only the actual arrival number of visitors liaised by the travel agencies concerned, excluding the number of visitors liaised by other travel agencies but whose visas are processed by the travel agencies concerned.

22. **Number of Inbound Visitors Received by Travel Agencies** – refers to the number of group and independent inbound tourists and inbound same–day visitors actually received by the travel agencies concerned within the reporting time frame. This indicator reflects the work load of travel agencies. It includes not only group visitors liaised and received by the travel agencies concerned but also group visitors entrusted by other travel agencies.

23. **Number of Days of Inbound Tourists Liaised by Travel Agencies** – refers to the sum of the days of actual stay of each inbound tourist liaised by travel agencies concerned in a given area within the reporting time frame.

24. **Number of Days of Inbound Tourists Received by Travel Agencies**– refers to the sum of the days of actual stay of each inbound tourist received by travel agencies concerned in a given area within the reporting time frame.

25. **Number of Domestic Group Visitors (Days)** – refer to the number of domestic group visitors (days) liaised by travel agencies within the reporting time frame. They include domestic group tourists (days) and domestic group same–day visitors (days) .

26. **Number of Domestic Visitors (Days) Received by Travel Agencies** – refer to the number of domestic group visitors (days) received by travel agencies within the reporting time frame. They include domestic visitors organized and received by the travel agencies concerned and domestic visitors organized by other travel agencies but received by the travel agencies concerned.

27. **Tourist Accommodation Establishments (Hotel Industry)** – refer to all kinds of establishments that can accommodate tourists regularly or temporarily. They include star–rated hotels, apartments, inns, guesthouses, cruise ships and boats, training centers, sanatoriums, holiday resorts, campsites, private dwellings, family rental rooms and lodging facilities provided by relatives and friends.

28. **Star–Rated Hotels** – refer to accommodation establishments which are star–rated.

29. **Number of Tourists (Nights) Received at star–Rated hotels** – refers to the number of tourists (nights) received at Star–Rated hotels within the reporting time frame. No matter how many nights a tourist stays, each tourist is recorded only once. The number of nights a tourist stays at a hotel equals the number of tourist nights.

30. **Room Occupancy Rate** – refers to the number of rooms (nights) actually sold divided by the number of rooms (nights) available within the reporting time frame. The formula is as follows:

$$\text{Room Occupancy Rate}(\%) = \frac{\text{Number of Rooms (Nights) Actually Sold}}{\text{Number of Rooms (nights) available}} \times 100\%$$

31. **Actual Average Room Rate** – refers to the actual average price of rooms of tourist hotels, apartments and cruise ships. The formula goes:

Actual average room rate (Yuan/Room Day) = Room sales (Yuan) / Actual number of rooms sold days.

32. **Business Income** – incomes from business operations of an enterprise. Business income of hotels, office buildings, apartments and inns includes sales from rooms, catering, shopping, transport services and other incomes; Business income of travel agencies includes inclusive service charges, handling charges from organizing groups, odd services, labor service, ticketing service, tours and extra service charges, and other

incomes; Business incomes of restaurants includes food and beverage sales, service charges, and other incomes; Incomes of consulting services provided by consultant firms are also recorded under this item.

For travel agencies (organizing companies and reception companies) handling inbound tourists, only the realized business incomes upon the departure of the tourist groups from the country (or local area) should be recorded as their business incomes; For travel agencies handling outbound tourists, only the actual realized incomes upon returning of the tourist groups should be recorded as their business income; For travel agencies handling domestic tourists, only the actual realized incomes upon returning of the tourist groups should be recorded as their business income. The business income of the travel agencies or hotels does not include that of their subsidiary enterprises which have independent accounting.

33. **Business Tax and Additional Levies**– refer to taxes and additional levies related to enterprises' business income, including business tax, urban maintenance and construction tax, and additional education levies. Business tax of hotels, apartments, restaurants should be paid based on a certain percentage of the business income; Business tax of travel agencies should be paid based on a certain percentage of net income.

34. **Operational Revenue** – refers to incomes gained from business operations. It can be understood as one type of gross profit. Operational revenue equals to business income minus business cost, business expenses, business tax and additional levies.

35. **Business Revenue** – is the main body of the gross profit. It refers to operational revenue minus management fees, accounting fees.

36. **Gross Profit** – refers to the balance of total profits and losses within a given period. This indicator reflects the final accounting result. The formula is: Gross profit = business revenue + subsidies income + investment returns + incomes from outside business activities – expenditures outside business activities. If this indicator is small than zero, it stands for loss.

37. **Original Value of Fixed Assets** – refer to the total cash value of the fixed assets of an enterprise when they are set up, purchased, installed, renovated, expanded or technically upgraded.

38. **Net Value of Fixed Assets** – refers to the balance of the original value of fixed assets and accumulated depreciation.

39. **Employment at the End of the Year**– refers to the total number of employees on the payroll at the end of the year. The employees include formal, contract, temporary

staff and recruits outside planned employment.

40. **Category of Enterprise at Registration**– According to the categories of enterprises at registration with industrial and commercial registration offices and basing on the "Regulation on Classifying Categories of Enterprises at Registration" formulated by National Statistics Bureau and National Industrial and Commercial Administration Bureau, enterprises are classified into following categories: domestic–invested Enterprises, enterprises with Investment from Hong Kong, Macao, or Taiwan, foreign–invested Enterprises. Domestic–invested enterprises include state–owned enterprises, collective–owned enterprises, share holding co–operative enterprises, limited liability enterprises, limited liability shares enterprises, private enterprises, and other categories of enterprises; Enterprises with investment from Hong Kong, Macao, or Taiwan include joint–venture enterprises, co–operative enterprises, fully–Hong Kong, Macao or Taiwan–invested enterprises, and limited liability shares enterprises with Hong Kong, Macao or Taiwan investment; Foreign invested enterprises include Sino–foreign joint–venture enterprises, Sino–foreign co–operative enterprises, fully foreign invested enterprises, limited liability shares enterprises with foreign investment.

41. **Higher Learning Institutions in Tourism**– refer to ordinary higher learning institutions or adult higher learning institutions which have tourism institutes or department or specialty and which grant state recognized educational certificates.

42. **Technical Schools in Tourism**– refer to tourism technical schools, or tourism professional middle (high) schools, or other technical schools or ordinary middle schools which offer tourism courses and grant state recognized educational certificates.

责任编辑：王　军　张　旭
责任印制：冯冬青

图书在版编目（CIP）数据

中国旅游统计年鉴. 2018：汉英对照 / 中华人民共和国文化和旅游部编. --北京：中国旅游出版社，2018.12

ISBN 978-7-5032-6194-7

Ⅰ.①中…　Ⅱ.①中…　Ⅲ.①旅游业－统计资料－中国－2018－年鉴－汉、英　Ⅳ.①F592-66

中国版本图书馆CIP数据核字（2019）第017911号

书　　名：中国旅游统计年鉴 2018

作　　者：中华人民共和国文化和旅游部编
出版发行：中国旅游出版社
（北京建国门内大街甲9号　邮编：100005）
http://www.cttp.net.cn　E-mail:cttp@mct.gov.cn
营销中心电话：010-85166503
排　　版：北京中文天地文化艺术有限公司
经　　刷：全国各地新华书店
印　　刷：北京工商事务印刷有限公司
版　　次：2018年12月第1版　2018年12月第1次印刷
开　　本：787毫米×1092毫米　1/16
印　　张：11.5
字　　数：200千
定　　价：80.00元
I S B N　978-7-5032-6194-7